山本浩司の
automasystem

プレミア 8

供託法・司法書士法

Wセミナー 専任講師 **山本浩司**

早稲田経営出版
TAC PUBLISHING Group

はしがき

　司法書士試験のマイナー科目においては、いかに時間をかけずに合格点を取るための力をつけるかという要領の良さが求められます。

　合格点が取れないのも困りものですが、そのために時間を使いすぎることも受験全体の時間配分のバランスの中では好ましいこととはいえないわけです。

　そこで、本書では、事例式でわかりやすく一問一答で点を取るための要点を書き、ご紹介する判例も試験において大事なものだけをピックアップしました。

　本書を利用することが合格への近道となるように編集しました。本書で合格をつかみましょう。

平成25年1月

山本浩司

第8版　はしがき

　このたび、令和5年9月施行の改正供託規則や匿名による供託など、最新の法改正および通達の内容を反映させ、その他全体の記述の見直しを行ったうえで、第8版を刊行させていただきました。

　受験生のみなさまの司法書士試験の合格、そして、今後のご活躍を心よりお祈り申し上げております。

令和6年6月

山本浩司

【目次】

第1部

供 託 法

第1章 弁済供託

供託をするためには、法令の根拠を要する。
その根拠条項は、供託書の記載事項でもある（供託規則13条2項5号）。

このうち、弁済供託は、民法494条の規定に基づいてする供託のことをいう。
以下、弁済供託について考えてみよう。

設問1
弁済供託の法的効果は何か？

「債権の消滅」である（民法494条1項）。
これは、「弁済」と同様の法的効果である。
→このため、弁済供託と命名されているのである。

設問2
「弁済」と「弁済の提供」は、どこが相違するか？

「弁済」とは、債務者が債務の本旨に従って給付をし、債務を消滅させる行為のことである。

「弁済の提供」は、弁済をするために債権者の受領を求めることである。
「弁済」をするためには債権者の受領行為を要するが、「弁済の提供」は債権者の受領行為を要しない点が相違する。

設問3
「弁済の提供」の法的効果は、何か？

債務者は、弁済の提供の時から、債務を履行しないことによって生ずべき責任を免れる（民法492条）。

しかし、「弁済の提供」のみでは、債務を免れることはできない。

このため、債権者が弁済の受領をすることができない類型において、民法は、債務者が供託することにより債権が消滅する制度を作った。

設問4

　民法494条の規定によると、弁済供託はどういう場合にすることができるのか？

次の場合である。

1．弁済の提供をした場合において、債権者がその受領を拒んだとき
　　→受領拒否（または不受領意思明確）という。
2．債権者が弁済を受領することができないとき
　　→受領不能という。
3．弁済者が過失なく債権者を確知することができないとき
　　→債権者不確知という。

　上記のうち、受領拒否（または不受領意思明確）では債権者と債務者間に紛争がある。

　これに対して、債権者不確知においては債権者間に紛争がある。

　受領不能の類型は、必ずしも紛争が生じているとは限らない。

　以上の理解が、弁済供託の理解には欠かせない。

◆一問一答◆

問　民法が規定する弁済供託の3つの類型は、何か？

答　次の3つである。
　　1．受領拒否
　　2．受領不能
　　3．債権者不確知

◆ポイント》 弁済供託の効果

　供託法においては、弁済供託の可否が出題のひとつの山場になる。

　その際、供託の効果が「債権の消滅」であることの理解を要する。はたし
て、供託書の内容から、供託官が、「債権の消滅」を読み取ることができる
かどうか。それにより、その受理の可否が決まる。

設問 5

　振替国債を供託物として、弁済供託をすることができるか？
　また、その理由は何か？

　振替国債を供託物として、弁済供託をすることはできない。

　民法494条１項は、「弁済者は、…債権者のために弁済の目的物を供託する
ことができる」と規定するが、振替国債は電子情報処理組織上のデータにす
ぎず「物」ではないからである。

宿題 1 |　振替国債を供託することができる場合を挙げよう。

設問 6

　弁済供託の要件として、債務が現存し、かつ確定していることを要す
るとされている。
　その理由は何か？

　弁済供託の法的効果が、債権の消滅（債務の消滅でもある）だからである。

　論理的に、現存せずまたは確定していない債権を消滅させることは不可能
である。

参考先例 〜〜〜〜〜〜〜〜〜〜〜〜〜〜〜〜〜〜〜〜〜〜〜〜〜〜〜〜〜

　将来発生する地代・家賃は先払いの特約がなければ、受領拒否によりあら
かじめ供託をすることができない（昭24.10.20－2449）。

→民法上、賃料は後払いとされているから、特約がない限り、使用収益の後でなけ
　れば債務が現存しないこととなる（民法614条参照）。

〜〜〜〜〜〜〜〜〜〜〜〜〜〜〜〜〜〜〜〜〜〜〜〜〜〜〜〜〜〜〜〜〜〜〜〜〜

　自動車事故の加害者が自己の相当と認める額を損害賠償額として被害者に提供し受領を拒否されたときは、弁済供託をすることができる（昭38.12.27－3373）。

→債務の額が「確定」しているかどうかについて疑問の生じる案件であるが、客観的には損害額が定まっているものとして供託は受理される。

　不法行為に基づく損害賠償債務については、損害額に不法行為時から提供時までの遅延損害金を付して提供することを要する（昭55.6.9－3273）。

　未確定の判決主文に示された金額を、不法行為による損害賠償額として提供したが受領を拒否されたときは、弁済供託をすることができる（昭43.12.20－3635）。

　賃料支払いは毎年12月末日までとある場合、その年度中であれば、いつでも供託をすることができる。賃料支払いは毎年12月末日とあるときは、12月31日に提供すべきである（昭42.1.9－16）。

　債務者が月末に支払うべき家賃を、期限の利益を放棄して月初めに供託することはできない（昭36.4.4－808）。

宿題1の解答▼

　選挙供託、保証供託（各供託根拠法令で供託が認められている場合）の2つである。

設問7

　受領拒否による供託をする場合、債権者が受領遅滞にあることが要件となるだろうか？

　要件となる。

債務の本旨に従った弁済の提供をしたが、債権者がこれを拒否したときに、受領拒否による弁済供託をすることができる。

　したがって、供託の前提として、債務者が次の行為（弁済の提供）をすることを要する。

１．持参債務の場合
　　債務の本旨に従った弁済の提供を、現実にしなければならない（民法493条本文）。

２．取立債務の場合
　　弁済の準備をしたことを通知してその受領を催告することを要する（民法493条ただし書後段）。

３．債権者があらかじめ受領を拒んでいる場合
　　弁済の準備をしたことを通知してその受領を催告することを要する（民法493条ただし書前段）。

　なお、債務の本旨に従った弁済の提供とは、利息・損害金などの附帯債務が生じているときは、元金の他、附帯債務の全額の提供を意味する。

宿題2 ｜　債務者が、弁済の提供をせずにした受領拒否による弁済供託は効力を生じるか？
　　　　　また、その理由は？

参考先例
　支払期日に債務の履行をせず、１か月が経過した後に元本と遅延損害金を債権者に提供して受領を拒否されたときは供託することができる（昭36.4.4－808）。

　賃借人が賃料を提供したが賃貸人が受取証書を交付しない場合、受領拒否を理由として弁済供託をすることができる（昭39.3.28－773）。

→弁済と受取証書の交付は同時履行の関係にある（民法486条1項）。このため、債権者が、債務者がした弁済の提供に対して受取証書を交付しないことは受領拒否にあたるのである。

　10か月分の家賃を滞納しているときに、1か月分の家賃とその遅延損害金を貸主に提供したが、受領を拒否されたときは提供した家賃と損害金を供託することができる（昭38.5.18－1505）。
→提供をした1か月分については、本旨弁済があったといえる。

　取立債務について債権者が弁済期に取立てに来ないときでも、債務者は口頭の提供をしなければ供託をすることができない（昭36.11.9－2766）。

　賃貸人の受領拒否によって、支払が不能のまま数年が経過したときでも、この間、継続して弁済の提供をしていたときは供託をすることができる（昭28.11.28－2277）。

　土地の賃貸借契約が合意解除されても、これをもって適法な転借人に対抗することができないので、転借人が提供する地代を、賃貸人および賃借人のいずれもが受領を拒否するときは、賃貸人を被供託者として供託することができる（昭41.12.6－3350）。

　債権者が多数であるため、債務を完済することができず、各債権者の債権額の割合に応じて一部を提供し、受領を拒否されても供託をすることができない。また、分割弁済の特約がないときに、分割弁済として提供して受領を拒否されたときも供託をすることができない（昭37.12.11－3560）。
→それぞれの弁済の提供が、本旨弁済とはいえないため。

宿題2の解答▼

　債務者が、弁済の提供をせずにした受領拒否による弁済供託は無効である。

その理由は、弁済供託の法的効果が、債務の消滅であるからである。

債権者が、履行の提供がない、または本旨弁済ではないという正当な理由で債務を受領しなかったときに、国家が当該債務を消滅させることはできない。

設問8

遅延損害金は軽微であるから加算しないという記載のある供託申請を受理することができるか？

できない（昭40決議）。

→債務者が、本旨弁済をしていないことが明らかであるため、供託申請は却下される。

参考判例

供託金額が債務の総額に対してごくわずかな不足があったとしても、供託は有効である（最判昭35.12.15）。

→この判例は、不足のある供託が誤って受理されたときの話である。

→供託を無効と解すると裁判時までの遅延損害金が生じるので、信義則を持ち出して債務者を救済したのである。

参考先例

一部の弁済の提供を拒否されたとして供託をすることができない（昭36.4.4−808）。

→一部の弁済の提供は、本旨弁済に当たらない。仮に、誤って供託を受理しても、その供託は無効である。

設問9

Xを賃貸人、Yを賃借人とする。

次の場合、弁済供託をすることができるか？

1．Xが死亡し、Yがその相続人の1人に賃料の全額を提供したが、そ

　の受領を拒否されたとき
2．Yが死亡し、その相続人の1人がXに賃料の全額を提供したが、そ
　の受領を拒否されたとき

1について

　供託をすることができない（昭35決議）。

　賃貸人の死亡により賃料債権は分割債権となる。

　相続人の1人の債権の額は、その相続分に応じた額にすぎない。

　したがって、本事例では、Yは各相続人にその相続分に応じた額の弁済を
提供すべきである。

2について

　供託をすることができる（昭38.12.27－3373）。

　賃料債務は、賃借人の相続の発生により不可分債務となる。

　したがって、Yの相続人の1人は賃料債務の全額を支払うことができる。

参考先例

　共同賃借人の1人が、自己の賃料相当分を提供しても、受領拒否による供
託をすることができない（昭37.7.3－1849）。

→共同賃借人の債務は不可分債務だから、賃料全額の提供をしなければ本旨弁済に
　ならない。

　債権者が死亡し、その共同相続人のうち、1人のみが受領を拒否したとき
は、相続分の割合により換算した額を供託することができる（昭36.4.4－
808）。

◆一問一答◆

問　次のうち、賃料債権または賃料債務が相続人の不可分債権または不可分
　債務となるのは、いずれか？

　1．賃貸人が死亡したとき

　2．賃借人が死亡したとき

答 2の「賃借人が死亡したとき」に賃料債務が不可分債務となる。

設問10

Xを賃貸人、Yを賃借人とする家賃の弁済供託について考えよう。
1．Xが賃料の増額を請求したときに、Yが従前の家賃を提供したが、その受領を拒否されたとき
2．Yが賃料の減額を請求したときに、Yが減額後の家賃を提供したが、その受領を拒否されたとき

　いずれも、Yのした弁済の提供が本旨弁済に当たるかどうかの問題であり、借地借家法の知識を要する。

1について

　供託をすることができる（昭41.7.12−1860）。

　本事例は、増額を正当とする裁判が確定するまでは、賃借人が相当と認める額の建物の借賃を支払えば足りる（借地借家法32条2項）。

2について

　供託をすることができない（昭46決議）。

　本事例は、減額を正当とする裁判が確定するまでは、賃貸人が相当と認める額の建物の借賃を請求することができる（借地借家法32条3項）。

設問11

借家人が家賃に電気料金を含めて支払う特約があるときに、その額を提供して受領を拒否されたときは、家賃と電気料金の合計額を供託することができるか？

　できる（昭37.6.19−1622）。

　本事例は、電気料金の額について、家主と借家人の間に紛争はない。

　元来、受領拒否による弁済供託は、債権者と債務者の紛争を予定する制度ではあるが、弁済者の便宜のために紛争の生じていない部分の債務についても一括して供託をすることを認めたのである。

参考先例

　土地の一部について貸主から明渡しの請求を受けて、その部分の地代の受領を拒否された借主は、地代の全額を供託することができる（昭40.12.6－3406）。

　給与債権について債権者が手当ての増額部分の受領を拒否したときは、給与の全額を供託することができる（昭53決議）。
→昇給額が少なすぎるとして債権者（従業員）が争ったケース。

設問12

　Xが債権者、Yが債務者であるとき、YがXに対する反対債権で相殺し、その残額を提供したが受領を拒否されたとして供託をすることができるか？

できる。
　適法な相殺をすれば、債務の額は残存額のみとなるから、これを提供すれば本旨弁済となる。

参考先例

　賃貸家屋が風雨により破損したため、修理を要求したが賃貸人がこれに応じないときは、賃借人が自己の費用で修理をし、その修理代金債権で家賃を相殺し、その残額を供託することができる（昭40.3.25－636）。
→賃借人が賃貸物について賃貸人の負担に属する必要費を支出したときは、直ちにその償還を請求することができるとされているため、修繕費と家賃は相殺適状にある（民法608条1項）。

　敷金と延滞賃料を相殺してその残額を賃借人が供託することはできない（昭37.5.31－1485）。
→敷金債権は家屋の明渡し後に請求ができるにすぎないので、敷金と延滞賃料は相殺適状にない。

設問13

次の場合、債権者が受領を拒否したときに、債務者は供託をすることができるか？

1. 電気料金の値上げに不服があるので、旧料金を提供した。
2. 市立の保育園の値上げに不服があるので、旧保育料を提供した。
3. 公営住宅の家賃の値上げに不服があるので、従前の家賃を提供した。

1と2について

いずれも、供託をすることができない（昭26.10.23－2055、昭47.7.7民四課長回答）。

公共料金の額は法令により定まるので、供託は紛争解決の手段として適切ではないためである（租税法律主義　憲法84条）。

3について

供託をすることができる（昭51.8.2－4344）。

公営住宅の家賃については、原則として、借地借家法が適用されるためである（最判昭59.12.13）。

設問14

次の場合、受領不能により供託をすることができるか？

1. 債権者が受取証書を交付しないとき
2. 取立債務について、催告をしたが、債権者が支払日に取立てに来ないとき
3. 取立債務について、債権者の所在が不明なので催告をすることができない場合

1について

受領不能により供託をすることができない。

供託事由は、受領拒否である（昭39.3.28－773）。

→なお、弁済と債権証書の交付は弁済が先履行なので、債権者が債権証書を交付しないことを理由として受領拒否による供託をすることはできない（民法486条、487条参照）。

2について

受領不能により供託をすることができない。

供託事由は、受領拒否である（昭45.8.29－3857）。

3について

受領不能により供託をすることができる。

設問15

債権者が受領を拒否しているときに、債務者が口頭の提供をせずに供託をすることができる場合があるか？

ある。

単なる受領拒否の事案では口頭の提供は必須である。

しかし、債権者の拒否の意思が高じて不受領意思明確に当たる場合は、債務者が口頭の提供をせずに供託をすることができる。

参考判例

債務者が提供しても債権者が受領しないことが明確な場合、口頭の提供をせずにした供託も有効である（大判明45.7.3）。

設問16

なぜ、不受領意思明確に当たる場合は、債務者が口頭の提供をせずに供託をすることができるのか？

もともと、口頭の提供（催告）は、債権者に翻意を促すことが目的である。

しかし、不受領意思明確の場合、翻意の可能性がないから、これをする意味がないのである。

参考先例

家屋明渡請求を受けていることのみをもって、債権者が受領しないことが

明確とはいえないが、目下、係争中であれば、不受領意思明確による供託をすることができる（昭37.5.31-1485）。

→単に、家屋明渡請求を受けているだけでは、債権者に翻意の可能性がないとはいえないということである。

　　賃貸人が賃料の値上げを要求し、賃借人が従前の家賃を提供したが、要求額でなければ今後も絶対に賃料を受領しないとして拒否されたときは、その後の賃料も不受領意思明確として供託をすることができる（昭38.12.27-3344）。

　　家賃を受領しない理由が、賃借権の存在自体の否定であるときは、不受領意思明確であるといえる（昭38.2.4-351）。

設問17

　　不受領意思明確を理由として供託をする場合、支払日を過ぎて供託するときには遅延損害金を付すことを要するか？
　　また、その理由は何か？

　　不受領意思明確により供託をするときは、遅延損害金を併せて供託することを要しない（昭37.5.25-1444）。

　　遅延損害金の「遅延」とは支払日に「弁済の提供」がないことを意味するが、不受領意思明確の事案は、もともと、債務者による口頭による弁済の提供も不要だから、「遅延」の概念に当たることがないのである。

参考判例

　　債権者が契約の存在そのものを否定する等、弁済を受領しない意思が明確であるときは、債務者は口頭の提供をしなくても債務不履行責任を免れる（最判昭32.6.5）。

　　債務者が弁済の準備をするだけの経済状態にないため、口頭の提供をする

ことができない場合は、債権者が弁済を受領しない意思を明確にしたときでも、債務者は弁済の提供をしなければ債務不履行責任を負う（最判昭44.5.1）。

→不受領意思明確の事案で、判例が債務者による口頭の提供を不要としたのは、口頭の提供が可能であるケースを前提としている。

参考先例

家賃の弁済供託において、係争中のため受領しないことが明らかでも、弁済期前に供託をすることができない（昭39決議）。

設問18

　受領不能による供託において、不能とは、事実上の不能を意味するか？法律上の不能を意味するか？

　事実上、法律上の双方の不能を意味する。

　事実上の不能は、次のような事案である。
1. 持参債務について債権者の所在が不明であるとき
2. 交通の途絶により債権者が履行の場所に現れないとき
3. 債権者が海外旅行中のとき
4. 持参債務で、弁済期に債権者宅に赴いたが、たまたま債権者が不在であったとき
5. 債務者が弁済をするために電話で在宅を問い合わせたが、家人が、本人が不在で受領できないと答えたとき

　法律上の不能は、次のような事案である。
1. 債権者が制限行為能力者であるときに、法定代理人、保佐人等がいないとき

参考先例

債権者が精神障害者として強制入院し、町長が保護義務者となっていると

きは、受領不能による供託をすることができる（昭40決議）。

債権者が精神病院に入退院を繰り返しているだけでは、受領不能による供託をすることができない（昭42.1.12－175）。

参考判例
債務者が弁済をするために電話で債権者の在宅の有無をその住居に問い合わせたが、家人から本人が留守で受領できない旨の返答があったときは、受領不能による供託をすることができる（大判昭9.7.17）。

設問19
預金者の所在が不明であるため、弁済期を過ぎて、銀行が受領不能により供託をするときは、遅延損害金を付して供託をすることを要するか？

要しない（昭57.10.8－6478）。

受領不能による弁済供託においても、遅延損害金が発生していれば、これを付して供託することを要することに相違はない。

しかし、設問の事例では、遅延損害金は生じていない。

参考先例
取立てにいけばいつでも弁済を受けることができる取立債務（預金債権など）の場合には、債務者は口頭の催告をすることを要せず、支払の準備をするだけで遅滞の責めを免れるので、受領不能による弁済供託をするときには遅延損害金を付すことを要しない（昭57.10.8－6478）。

設問20
次の場合、債務者は、受領不能による供託をすることができるか？
1．債権者が破産手続開始の決定を受けたとき

> **2．債権が差し押さえられ、または仮差押えの執行がされたとき**
> **3．債権に対して仮処分の執行がされたとき**

いずれも、受領不能による供託をすることができない。

1について

破産管財人に弁済受領権限があるので、受領不能とはいえない（破産法78条1項）。

2について

執行供託をすることができるケースである（民事執行法156条1項・2項、民事保全法50条5項）。

3について

仮処分の執行により、債権者が誰であるか不明となったときは、債権者不確知による弁済供託の事案となる。

設問21

> 次の場合、債務者は、債権者不確知による弁済供託をすることができるか？
> 1．債権成立の当初から、債権者が不明であるとき
> 2．債務者の過失によって、債権者を確知することができなくなったとき

1について

できない（昭40.10.21－2989）。

→無記名定期預金債権が、債権成立の当初から債権者が不明である場合の一例である。

→この場合、銀行は適法に支払請求をした者に対して弁済をすれば債務を免れるので、弁済供託の実益がない。

2について

できない（民法494条2項後段）。

設問22

次の場合、債務者は、債権者不確知による弁済供託ができるか？
1. 譲渡制限の意思表示のされた債権が譲渡され、譲渡人がその旨の通知をしたが、譲受人の善意・悪意や重過失の有無が不明であるとき
2. 譲渡制限の意思表示のされた債権について転付命令が発せられたとき
3. 債権が二重譲渡され、確定日付ある譲渡通知が同時に到達したとき
4. 債権が二重譲渡され、確定日付ある譲渡通知が債務者に送達されたが、その先後が不明であるとき

1について

債権者不確知による弁済供託をすることはできない。譲渡制限のされた債権の譲渡は有効であり、債権者は譲受人に確定している。
→なお、このケースは、民法466条の2を根拠とした供託ができる。

2について

債権者不確知による弁済供託をすることができない（昭45.10.21-4425）。

差押債権者の善意・悪意を問わず、譲渡制限の意思表示のされた債権を差し押え、転付することができる（民法466条の4第1項、最判昭45.4.10）。

したがって、本事例は、債権者不確知に当たらない。

宿題3 譲渡制限の意思表示のされた債権について転付命令が発せられた場合、別の理由によって、供託をすることができるか？

3について

債権者不確知による弁済供託をすることができない（昭59決議）。

確定日付のある譲渡通知が同時に到達したときは、各譲受人が、第三債務者に対してその全額の請求をすることができる（最判昭55.1.11）。

したがって、債権者不確知に当たらない。

4について

　債権者不確知による弁済供託をすることができる（平5.5.18－3841）。

　確定日付のある債権譲渡通知の到達の先後が不明の案件は、債権者不確知といえる。

参考先例

　債務者甲が、債権者乙から債権を丙に譲渡した旨の確定日付ある通知を受けた後に、丙への譲渡契約を解除して新たに丁に債権を譲渡した旨の確定日付のない通知を受けたときは、債権者不確知による弁済供託をすることができる（昭40.12.28－3701）。

　妻名義の銀行預金について、離婚した夫婦の一方が印鑑を、他方が預金証書を所持して、それぞれが預金者であるとして係争中であるときは、債権者不確知による弁済供託をすることができる（昭40.5.27－1069）。

　甲から未登記の建物を賃借していた丙が、新たに所有権を取得したと称する乙から賃料を請求されたときは、賃料を甲に支払えば足りる（昭37.3.14－695）。

→債権者不確知に当たらない。登記のない乙は、丙に所有権を対抗できないため。

宿題3の解答▼

　できる。

　転付命令の確定が明らかでないときは、債権はいまだ差押状態にあるものとして、執行供託をすることができる（昭55.9.6－5333）。

設問23

　債権者が死亡したが相続人が不明なとき、債務者が相続関係の調査をすることなく債権者不確知による弁済供託をすることができるか？

できる（昭38.2.4－351）。

債務者に過重な負担を強いることのないようにするための取扱いである。

→なお、相続人が明らかなときは、債権者不知の事案ではない。この場合、各相続人に対してそれぞれの相続分に応じた弁済の提供を要する。

宿題 4 ┃ 設問の事例では、供託書の被供託者の欄には、何と書くべきか？

参考先例

　賃貸人が死亡した場合、相続人が妻と子であることは判明しているが、子の人数が不明なときは、債権者不知による弁済供託をすることができる（昭41.12.8－3325）。

　相続人が不明で、相続財産清算人がいないときは、死者の未払給与を供託することができる（昭15.3.13－270）。

宿題 4 の解答▼

　「一住所一亡何某の相続人」と書く。

設問24

　債権者不知により、被供託者を「AまたはB」とする供託がされた場合、その供託に係る債権の権利者がCであることが確定判決により証明されたときは、Cが払渡しを受けることができるか？

　できない。

　供託者が、供託物を受け取る権利を有しない者を指定したときは、その供託は無効である（供託法9条）。

設問25

　弁済供託は、どの場所の供託所にするのか？

　債務の履行地の供託所である（民法495条1項）。

参考先例

「甲または乙」を被供託者として弁済供託をするときは、甲または乙のいずれかの住所地の供託所に供託する（昭38.6.22－1794）。

債務履行地である最小の行政区画内に供託所がないときは、これを包括する行政区画の最寄りの供託所に供託をすれば足りる（昭23.8.20－2378）。
→同一の都道府県内における最寄りの供託所に供託すればよいという意味である。

持参債務について、債権者の住所が不明であるときは、債権者の最後の住所地の供託所に供託をする（昭39決議）。

地代、家賃等の債権者が数名いる場合に、支払場所が債権者の住所地であるときは、可分債権については各人別にその住所地の供託所に、不可分債権についてはそのうちの1人の住所地の供託所に供託する（昭36.4.8－816）。

設問26

管轄違いの供託は、効力を生じるか？

管轄違いの供託は、誤って受理されても無効である。

しかし、弁済供託において、被供託者が供託を受諾し、または還付請求をしたときは、当初から有効な供託があったものとされる（昭39.7.20－2594）。

設問27

次の物品を供託するときは、どこが供託所となるのか？
1. 金銭・有価証券
2. 金銭・有価証券以外の物品

1について

法務局・地方法務局およびその支局、法務大臣の指定するこれらの出張所である（供託法1条）。
→たとえば、東京法務局、東京法務局八王子支局など。出張所は、法務大臣の指定

があるときのみ供託事務を扱う。

→株券は有価証券に当たる。

→有価証券とは、わが国で流通する性質のものをいい、外貨債であっても、わが国で流通すれば有価証券に当たる。

2について

　金銭・有価証券以外の物品の供託は、弁済供託の他、土地収用法における土地等の供託に限られる。

　土地等の供託を除き、以下は、弁済供託に特有の管轄規定と思ってよい。

　弁済の目的物は、種々さまざまな物がありうるため、定型的な規定を置くことがむずかしいのである。

　このため、供託所は、次の2つの場合に分かれる。

1．法務大臣の指定がある場合

　　法務大臣の指定する倉庫営業者または銀行が供託所となる（供託法5条1項）。

　　なお、倉庫営業者または銀行は、営業の部類に属する物で、保管できる数量に限って保管の義務を負う（同条2項）。

2．法令の定めのないとき

　　弁済者の請求により、裁判所が定める（民法495条2項）。

　　なお、弁済の目的物が供託に適しないとき、またはその物について滅失もしくは損傷のおそれがあるときは、弁済者は、裁判所の許可を得て、これを競売に付し、その代金を供託することができる（民法497条1号・2号）。

→その物の保存について過分の費用を要するときも、同様である（同条3号）。

■参考■　外国の通貨

　外国の通貨は、その他の物品として供託をすることができる。

　法務大臣の指定する倉庫営業者または銀行が供託所となる。法務大臣の指定がないときや、供託物が倉庫業者または銀行の営業の部類に属さずまたは保管することができる数量を超えるときは裁判所が供託所を指定する。

☞トークタイム　供託とは

　供託というのは、供託者と国の間の寄託です。供託者が国（供託所）に供託物を預ける契約なのです。そして、これは契約であり、国が国家権力を振り回す局面ではないので、基本的な適用法令は民法ということになります。要するに、供託物の払渡請求権は、ごく普通の民事債権とその性質が異なりません。これが、供託について勉強するときの基本的なスタンスです。

　また、供託は、供託者が被供託者のために国とする第三者のための契約という意味を有します。この点も民法の原則通りに考えればよいのですが、しかし、供託の場合、受益の意思表示がなくても被供託者の権利が発生する点が、一般的な第三者のためにする契約と相違するといわれています。

第2章 ▌▌ 供託手続

供託をするときは、一定の書式の供託書を提出することを要する。
→要式行為である。任意の書式では足りない。
→オンラインによって供託をすることもできる。

供託書の様式は、OCR用紙である。
供託所では、この用紙から、データを読み取って保存する（副本ファイル）。
供託書正本、供託通知書もデータからプリントアウトする。

供託における能力の問題は、訴訟法のそれと同一と考えてよい。

なぜなら、民事訴訟における能力者には、裁判上の保証供託における能力を認める必要があるからである。

設問 1
法人でない社団または財団が供託者として供託をすることができるか？

代表者または管理人の定めがあるときは、供託をすることができる（供託規則14条3項）。
→供託当事者能力が認められる。

参考先例
民法上の組合は、契約書、規約、委任状などにより組合長の代理権が認められるときは、供託申請を受理することができる（昭26.10.30－2105）。

設問 2
次の者は、供託をすることができるか？
1. 未成年者
2. 被保佐人

今度は、供託行為能力の問題である。

1について

　未成年者には、供託行為能力は認められない。

　このため、法定代理人により供託手続をすることを要する。

→なお、営業許可を受けた場合（民法6条）など、実体法において行為能力が認め
　られるときは、未成年者が供託手続をすることができる。

2について

　被保佐人は、保佐人の同意を得て、自ら供託をすることができる。

　なお、供託行為能力のない者がした供託は無効である。

　取り消すことのできる供託になるわけではない。

→この点も、訴訟法と同じ考え方になる。

設問3

　供託書について考えよう。
1．供託者または代理人の押印を要するか？
2．供託者が法人である場合、代表者の氏名の記載を要するか？　代表
　者の個人の住所はどうか？
3．被供託者が法人である場合、代表者の氏名の記載を要するか？　代
　表者の個人の住所はどうか？
4．代理人によって供託をする場合、代理人の氏名および住所の記載を
　要するか？

1について

　押印を要しない。

　このため、供託書の記載を訂正するときにも、訂正印は要しない。

2について

　供託者が法人であるときは、その法人の名称、主たる事務所の他、代表者
の氏名を記載する（供託規則13条2項1号）。

代表者の住所の記載は要しない。

3 について

被供託者が法人であるときは、その法人の名称、主たる事務所を記載する（供託規則13条 2 項 6 号）。

代表者の住所および氏名の記載は要しない。

4 について

代理人の氏名および住所の記載を要する（供託規則13条 2 項 2 号）。

ただし、公務員がその職務上するときは、その官公職、氏名および所属官公署の名称を記載する（同号ただし書）。

→公務員個人の住所の記載は要しない。

> **参考先例**
>
> 　会社の支配人が供託するときは、その会社の代表者の資格と氏名を記載することを要せず、会社の商号本店と支配人の住所、氏名を記載すれば足りる（昭39.11.21－3752）。
>
> →支配人は、会社の代理人である。
>
> 　供託者でない者が供託のために出頭したときは、委任状の添付がなければ、その者を使者と解して供託を受理する（昭38.6.24－1793）。

《関連事項》供託書の記載事項

　供託書の記載事項は、次のとおりである（供託規則13条 2 項）。

1．供託者の氏名および住所

　→供託者が法人であるときまたは法人でない社団もしくは財団であって、代表者もしくは管理人の定めのあるものであるときは、その名称、主たる事務所および代表者または管理人の氏名。

2．代理人により供託する場合には、代理人の氏名および住所

　→ただし、公務員がその職務上するときは、その官公職、氏名および所属官公署

の名称。

3．供託金の額または供託有価証券の名称、総額面、券面額（券面額のない有価証券についてはその旨）、回記号、番号、枚数ならびに附属利賦札およびその最終の渡期

→遅延損害金が生じているときは、その合計額を書く。

4．供託の原因たる事実

→弁済供託の場合は、受領拒否、不受領意思明確、受領不能、債権者不確知のいずれか。

5．供託を義務付けまたは許容した法令の条項

→民法494条、民事執行法156条1項・2項など。

6．被供託者を特定することができるときは、その者の氏名および住所

→その者が法人または法人でない社団もしくは財団であるときは、その名称および主たる事務所。

7．供託により質権または抵当権が消滅するときは、その質権または抵当権の表示

→「何市何町何番の何法務局受付第何号の抵当権」など。

8．反対給付を受けることを要するときは、その反対給付の内容

→実体法において、弁済と同時履行の関係にある給付を記載することができる。

9．供託物の還付または取戻しについて官庁の承認、確認または証明等を要するときは、当該官庁の名称および事件の特定に必要な事項

→「何県知事免許番号何号」など。営業保証供託において記載を要する。

10．裁判上の手続に関する供託については、当該裁判所の名称、件名および事件番号

→「何地方裁判所平成何年第何号何事件」など。

11．供託所の表示

12．供託申請年月日

参考先例

　供託者が、供託の当時、受取人が死亡していることを知らずに死者あてに供託をした場合、供託は有効であり、相続人が還付請求をすることができる（昭25.10.6－2705）。

設問 4

供託書に、反対給付の内容として、「抵当権の登記を抹消すること」と書くことができるか？

債務の弁済と抵当権の抹消を同時履行とする特約があればできる（昭42.3.6－353）。

元来、債務の弁済と抵当権の抹消は、債務の弁済が先履行である。

したがって、特約がなければ、反対給付の内容として「抵当権の登記を抹消すること」は不適切である。

しかし、債務の弁済と抵当権の抹消を同時履行とする特約は、有効であるため、その特約があれば、反対給付の内容とすることができる。

参考先例

反対給付の内容として「抵当権の登記を抹消すること」と記載されているときは、債務の弁済と抵当権の登記の抹消が同時履行の関係にあるという特約があるものとして、供託申請を受理する（昭40.6.2－1123）。

家屋の修繕ならびに畳の修理を反対給付の内容とする家賃の弁済供託を受理することができる（昭45.12.22－4760）。

設問 5

供託手続をするときに、供託書に、次の書面の添付を要するか？
1．供託者が法人であるときの代表者の資格証明書
2．代理人により供託をするときの委任状
3．代理人により供託をするときの委任状以外の代理権限証書

1について

原則として、添付を要しない。

登記された法人の代表者の資格を証する登記事項証明書は、提示書面である（供託規則14条1項前段）。

→後日、法務局の内部で代表者の資格を確認することができるためである。

　しかし、登記されていない法人（国家公務員共済組合など）が供託をするときは、資格証明書の添付を要することとなる（供託規則14条2項）。
→後日、法務局の内部で代表者の資格を確認することができないためである。

宿題 1 ┃ 登記された法人が供託をするときに、簡易確認によって登記事項証明書の提示に代えることができるか？

●展開●　登記情報連携による登記事項証明書の提示の省略

　供託者が登記された法人であり、供託書に記載された法人の商号および本店から、供託官が登記情報連携によりその法人の登記情報を確認することができるときは、代表者の資格を証する登記事項証明書の提示を省略することができる（情報通信技術活用法11条、先例令4.8.1-376）。
→上記の提示省略の仕組みは、供託の申請が書面またはオンラインのいずれによる場合でも適用となる。

●用語解説●　登記情報連携

　登記情報連携とは、法務省の登記情報連携システムと供託事務処理システムの連携により、商業・法人登記の管轄にかかわりなく、登記された法人の登記情報を取得する仕組みのことをいう（先例令4.8.1-376）。

2について
　添付を要しない。
　委任状は、提示書面である（供託規則14条4項前段）。

3について
　添付を要しない。
　供託手続においては、委任状を含め、代理権限を証する書面は常に提示書面である（供託規則14条4項前段）。
→委任状以外の代理権限を証する書面としては、親権者が供託をするときの戸籍謄本等、会社の支配人が供託をするときの登記事項証明書などがある。

→支配人など登記のある代理人の権限を証する登記事項証明書は、登記情報連携による確認ができるときは、その提示を省略することができる（先例令4.8.1-376）。

《関連事項》オンラインによる供託の特則

登記された法人がオンラインによって供託をする場合において、その申請書情報に法人の代表者が電子署名を行い、かつ、その代表者に係る商業登記電子証明書を申請書情報と併せて送信したときは、代表者の資格を証する登記事項証明書の提示を要しない（供託規則39条の2第1項）。

→委任による代理人が登記された法人である場合の代表者の資格を証する登記事項証明書、支配人その他登記のある代理人の権限を証する登記事項証明書にも、同様の仕組みアリ（同条2項・3項）。

宿題2 ┃ 代理権限証書のうち、供託物の払渡請求をするときに払渡請求書に添付する書面となるものはあるか？

設問6

法人でない社団または財団が供託をする場合に特有の添付書面は、何か？

次の書面の添付を要する（供託規則14条3項）。
1．社団または財団の定款または寄附行為
2．代表者または管理人の資格を証する書面
→上記の規定は、供託物の払渡請求をする場合に準用される（供託規則27条3項）。

◆一問一答◆

問 法人でない社団または財団のうち供託をすることができるのは、どのような社団または財団であるか？

答 代表者または管理人の定めがある社団等である（供託規則14条3項）。
上記の添付書面のうち、「定款または寄附行為」は、その社団等に代表者または管理人の定めがあることの証明文書として添付が求められると考えられる。

宿題 3　法人や法人でない社団または財団の代表者の資格を証する書面についての添付や提示等の取扱いに、供託手続と供託物の払渡手続の双方で相違があるか？

宿題の解答▼

宿題 1

　代表者の資格について登記官の確認を受けた供託書を提出して、登記事項証明書の提示に代えることができる（供託規則14条 1 項後段、簡易確認）。

宿題 2

　委任状などの代理権限証書は、原則として添付書面となる（供託規則27条 1 項本文）。

→支配人など登記のある代理人の登記事項証明書のみが、例外として、提示書面であるとされている（供託規則27条 1 項ただし書）。

→支配人など登記のある代理人の登記事項証明書は、登記情報連携による確認ができるときは、その提示を省略することができる（先例令4.8.1-376）。

宿題 3

　相違はない。

　供託規則27条 3 項が代表者の資格を証する書面について14条 1 項〜 3 項の全部を準用していることを確認しよう。

《関連事項》簡易確認

　簡易確認とは、供託書や供託物払渡請求書に記載された代表者の資格などの事項につき登記官の確認を受けることにより、登記事項証明書等の書面の提示に代える仕組みである。

　この簡易確認の仕組みは、商業登記の申請中、または通信障害等の発生のため登記情報連携による登記事項証明書の提示を省略できないときの利用が想定されている。

→代理人が法人である場合のその法人の代表者の資格を証する登記事項証明書、支配人その他登記のある代理人の権限を証する登記事項証明書についても、簡易確

認が可能（供託規則14条4項後段・1項後段、27条2項）。

→供託物払渡請求書に押印した法人の登記所届出印について簡易確認を受けて、印鑑証明書の添付に代えることもできるが、印鑑証明書の簡易確認手続のみ、法務大臣指定の法務局（東京、名古屋、大阪の各法務局本局）では利用することができないこととなっている（供託規則26条1項ただし書）。

→登記事項証明書の簡易確認手続は、上記の本局を含めて、すべての供託所で利用可能（供託規則14条1項後段参照）。

《関連事項》振替国債の供託

供託者が振替国債を供託しようとするときは、その振替国債の銘柄、利息の支払期および償還期限を確認するために必要な資料を提供しなければならない（供託規則14条の2）。

設問7

供託所に提出または提示すべき書面のうち、作成後3か月以内であるものに限られるのは、何か？

次の書面である（供託規則9条）。

1．登記事項証明書その他の代表者または管理人の資格証明書
2．代理権限証書であって官庁または公署の作成に係るもの
3．印鑑証明書

→供託所に、書面を提出または提示するときの一般則であるので、供託手続、供託物払渡手続に共通する。

→なお、供託手続において印鑑証明書の提出を要することはない。

→利害関係人の承諾書に添付する登記事項証明書や資格証明書および印鑑証明書については、供託規則24条2項の特則がある。

設問8

供託書、供託物払渡請求書など、供託に関する書面に記載する文字について考えよう。

1．数字は、アラビア数字を用いることを要するか？

2．記載した文字の訂正は、どのようにすべきか？

1について

　横書きをするときは、アラビア数字を用いることを要する（供託規則6条2項本文）。

→一般的に供託書等の記載は、横書きである。

　しかし、縦書きをするときは、壱、弐、参といった多角文字を使用しなければならない（同項ただし書）。

2について

　記載事項の訂正、加入または削除をするときは、二線を引いてその近接箇所に正書し、その字数を欄外に記載して押印し、訂正または削除をした文字は、なお読むことができるようにしておかなければならない（供託規則6条4項本文）。

→間接法のみが認められる。

→供託官以外の者が、供託書などの押印を要しない書面に記載した文字を訂正等するときは、訂正印を要しない（同条5項）。

設問 9

　供託書に記載した、供託金額、有価証券の枚数および総額面または請求利札の枚数については、訂正、加入または削除をすることができるか？

　できない（供託規則6条6項）。

設問10

　供託カードの申出は、どういう場合にすることができるか？

　賃料、給料その他の継続的給付に係る金銭の供託をするために供託書を提出する者は、供託カードの交付の申出をすることができる（供託規則13条の4第1項本文）。

→供託カードの提出により、以後の供託手続において供託書の記載事項のうち一定のものを省略することができる（供託規則13条の4第4項参照）。

　一括供託とは、何か？
　また、どういう場合にすることができるか？

　当事者または供託の原因たる事実の異なる数個の供託を1通の供託書で申請することを一括供託という。
→当事者の異なるときでも一括供託できることに注目しよう。

　元来、供託は、当事者または供託の原因たる事実ごとに各別にしなければならないが、便宜の取扱いを認めたものである。

　一括供託は、供託官が相当と認めるときにすることができる（準則26条の2本文）。
→なお、供託番号は、数個の供託について各別に付される（同条ただし書）。

　上記の「相当と認めるとき」とは、次のいずれかの場合である（昭53.2.1－603）。
1．供託の原因たる事実に共通性が認められるため1通の供託書に記載することが便宜である場合
　→数か月分の家賃を1通の供託書で供託する場合など。
2．一括して供託物の払渡しがされる蓋然性が高い場合
　→公営住宅の家賃を、複数の入居者が供託する場合など。

参考先例

　一個の地代家賃の債務について甲乙2名を被供託者として、甲については受領不能、乙については受領拒否を供託原因とする弁済供託をすることができる（昭42.3.3－267）。

　家賃・地代について一部を受領拒否、他を不受領意思明確として一括供託することができる（昭38.12.27－3373）。

宿題 4　複数の者が、同一の供託物払渡請求書で、供託物の払渡しを請求することができるか？

設問12

供託通知書は、誰が発するのか？

供託の通知は、供託をした者が、遅滞なくしなければならない（民法495条 3 項）。

→供託者は被供託者に対して通知をする。ただし、被供託者が所在不明の場合などは通知を要しない。

なお、供託者は、供託官に対し、被供託者に供託通知書を発送することを請求することができる（供託規則16条 1 項前段）。

→請求する旨は、供託書の記載事項となる（同項後段）。

宿題 4 の解答▼

> できない。
> 　一括払渡しの要件は、次の双方を満たすことである（供託規則23条）。
> 1．同一人が数個の供託について同時に供託物の還付を受け、または取戻しをしようとする場合
> 2．払渡請求の事由が同一であるとき
> 　→たとえば、供託不受託と供託原因消滅であれば、払渡請求の事由が同一でないから、一括払渡しを請求することができない。

設問13

供託者が被供託者に供託の通知をしなければならない場合に、供託通知をしなかったときは、供託は、無効とされるか？

有効である（大判大13.4.21）。

→供託通知の発送は、供託の有効要件ではない。

供託手続において、添付書面の援用ができるか？　原本還付はどうか？

いずれも可能である。

1．添付書面の援用

　同一の供託所に対して同時に数個の供託をする場合において、供託書の添付書類に内容の同一のものがあるときは、一個の供託書に1通を添付すれば足りる（供託規則15条前段）。
→他の供託書には、その旨を記載する（同条後段）。
→たとえば、登記されていない法人が、数個の供託をするときの資格証明書など。

2．原本還付

　供託書に添付した書面の原本還付の請求をすることができる（供託規則9条の2第1項本文）。

　書類の還付を請求するには、供託書に原本と相違がない旨を記載した当該書類の謄本をも添付する（同条2項）。

　添付書面の援用、原本還付は、いずれも、供託物払渡請求手続においてもすることができる（供託規則27条3項、15条、9条の2第1項）。

宿題5 　供託物払渡請求書に添付した書面のうち、原本還付をすることができないものは、何か？

次の場合、供託の受理の決定は、いつ効力が生じるか？
1．現金取扱庁の金銭の供託
2．非現金取扱庁の金銭の供託

　いずれも、供託官が、供託書および提示書面または添付書面の審査をし、受理の決定をした時に、その効力が生じる。

1．現金取扱庁の手続

　供託金の受入れを取り扱う供託所に金銭の供託をしようとする者は、供託書とともに供託金を提出しなければならない（供託規則20条1項）。

参考先例

　現金取扱庁においては、現金書留に供託申請書類を同封して郵送による申請をすることができる（昭42決議）。

　現金取扱庁において定額小為替を同封して供託申請があったときは、適宜、現金化して供託申請を受理して差し支えない（昭39.8.4－2711）。

2．非現金取扱庁の手続

　供託者は、供託の受理決定の後、供託所から供託書正本、保管金払込書の交付を受けて、日本銀行で納入をする（供託規則18条1項参照）。

→納入期日は、受理から1週間以後の日でなければならない。

　もし、納入をしなければ、受理の決定は効力を失う（同条2項）。

■参考■　有価証券の供託

　有価証券の供託は、すべての供託所において非現金取扱庁での金銭の供託と同様の手続となる。

　供託者は、供託の受理決定の後、供託所から供託書正本、供託有価証券寄託書の交付を受けて、日本銀行で納入をする（供託規則18条1項参照）。

→有価証券の受入れを取り扱う供託所は存在しない。したがって、必ず、日本銀行で納入をすることになる。

■参考■　記名式有価証券の供託

　供託者が記名式有価証券（株券を除く）を供託しようとするときは、その還付を受けた者が直ちに権利を取得することができるように裏書し、または譲渡証書を添附しなければならない（供託規則17条1項）。

→被供託者のためにする供託という趣旨から、当然の規定である。

宿題5の解答▼

次の書面である（供託規則9条の2第1項ただし書）。
1. 支払証明書
   → 裁判所などが作成した支払証明書は、債権証書に類似の書面だから原本還付ができない。
2. 代理人の権限を証する書面（官庁または公署の作成に係るものを除く）
   → 私人作成の委任状が代表例。委任状には、ほとんど、本人の実印が押印されているので、供託所に後日の証拠を残す観点から、原本還付ができない。

設問16

次の書面や電磁的記録は、いつ調製されるのか？
1. 供託書正本
2. 副本ファイル

いずれも、供託書の提出があった時である（供託規則13条の2）。
→ 副本ファイルとは、供託書に記載された事項を磁気ディスクをもって調製したものであり、供託所で保存する記録のことである。

設問17

次の場合、供託書正本は、いつ供託者に交付されるのか？
1. 金銭の供託
2. 有価証券の供託
3. 振替国債の供託

1および2について
供託の受理を決定した時である（供託規則18条1項、20条2項）。

3について
納入期日までに振替国債に係る増額の記載または記録がされた時である（供託規則19条3項）。
→ なお、供託書正本が作成されるのは、「供託書の提出があった時」であり、この

点は 1 および 2 の手続と相違しない（供託規則13条の 2 第 1 号）。

《関連事項》振替国債の供託手続

　振替国債の供託においては、受理決定→納入（振替国債に係る増額の記載または記録）の手順で受入れが進行する（供託規則19条 1 項）。
→なお、納入期日までに上記の記載または記録がされなければ、受理決定の効力が失われる（供託規則19条 2 項）。

設問18
**　オンラインによって、有価証券の供託をすることができるか？**

　できない。

　オンラインによる供託は、次の場合に限り、することができる（供託規則38条 1 項 1 号）。
1．金銭の供託
2．振替国債の供託

設問19
**　すべての供託所において、次の方法により、金銭の供託をすることができるか？**
**　1．銀行等への振込み**
**　2．電子納付**

1 について

　銀行その他の金融機関に供託金の振込みを受けることができる預金があるときは、振込みによる納付をすることができる（供託規則20条の 2 第 1 項）。

　規定の上では、すべての供託所において、振込みによる納付をすることができるわけではない。

2 について

電子納付（供託官の告知した納付情報による供託金の納付）は、すべての供託所においてすることができる（供託規則20条の3第1項）。

→いわゆるインターネットバンキングである。

なお、オンラインにより供託申請をしたときは、必ず、電子納付により供託金の納入をすることとなる（供託規則40条1項後段、20条の3第1項）。

設問20

銀行等への振込みまたは電子納付によって供託金の納入をするときは、供託書正本は、いつ供託者に交付されるのか？

振込期日または納入期日までに、供託者が振込みまたは納付をした時である（供託規則20条の2第4項、20条の3第4項）。

設問21

みなし供託書正本とは、何か？
どういう場合に交付されるのか？

オンラインにより供託の申請があったときでも、原則として供託者に対して供託書正本が交付される。

しかし、この場合でも、供託者は供託書正本に係る電磁的記録の提供を請求することができる（この請求があったときは供託書正本は作成されない）。

そして、供託書正本に係る電磁的記録が提供されたときに、供託者は、みなし供託書正本の交付を請求することができるという仕組みになっている（供託規則42条1項）。

設問22

口頭で、供託申請を却下することができるか？

できない。

供託官は、供託を受理すべきでないと認めるときは、却下決定書を作成し、これを供託者に交付しなければならない（供託規則21条の7）。

→供託物の払渡請求の却下手続においても同様である（供託規則31条）。

設問23

供託書に「年月日弁済の提供をしたが受領を拒否された」と記載されている場合、供託官は、その事実の有無を調査することができるか？

できない。

供託官の権限は、形式的審査に限られる。

すなわち、供託官は、供託書の記載および提示または提供された書面についてのみ審査権限を有し、記載された事実はあるものと判断しなければならない。

なお、形式的審査権の範囲は、手続上の問題（提示すべき書面が提示されたかどうかなど）に限らず、供託書等に記載があれば、これに対する実体上の判断をすることができる。

設問24

供託の法的性質は、何か？

供託は、供託者と供託所がする第三者（被供託者）のための私法上の寄託契約である。

→公法上の法律関係ではない。

なお、第三者の受益の意思表示を要しない点が、通常の第三者のための契約と相違する。

被供託者が、受益の意思表示をしなくても、供託者は債務を免れることができるのである。

設問25

供託には、弁済供託、保証供託、執行供託、保管供託、没取供託があ

るとされる。

　このうち、第三者が供託をすることができる場合を挙げよう。

次の 2 つの場合がある。

1．弁済供託

　民法上、第三者弁済が可能であるので、第三者が弁済供託をすることができる（民法494条、474条）。

→供託書の備考欄に第三者供託である旨を記載すれば足りる。債務者の承諾書は不要（昭41.12.15－3367）。

2．裁判上の保証供託

　裁判所が相当と認める場合に限り、担保権者である相手方の同意を要しないで第三者が供託をすることができる（昭35決議）。

→訴訟等で争いの最中なので、相手方の同意を得ることはムリなのである。

以上の他、営業上の保証供託、執行供託、保管供託、没取供託において、第三者による供託は認められない。

参考先例

　営業保証金については、担保官庁の承認があるときでも、第三者が供託することができない（昭39決議）。

《関連事項》裁判上の保証供託

　仮執行の宣言のための保証、保全命令を発するための保証、執行停止のための保証など、各種のものがある。

　いずれも、紛争当事者の一方が、他方のために将来の損害賠償等の保証をするケースである。

設問26

裁判上の保証供託において、被供託者は供託物の払渡しについて優先権を持つか？

優先権を持つ。

たとえば、被告は、訴訟費用に関し、供託した金銭または有価証券について、他の債権者に先立ち弁済を受ける権利を有するという規定がある（民事訴訟法77条）。

→他の法令により訴えの提起について立てるべき担保について準用あり（同法81条、民事執行法15条2項、民事保全法4条2項）。

上記のケースにおいて、被告が供託物に対する権利を実行しようとする場合、裁判所の配当手続によらず、供託所に対し直接還付請求をすることができる（平9.12.19－2257）。

設問27

裁判上の保証供託の管轄はどこか？

次の場所の供託所である。

1．民事訴訟法上の担保供託

　　担保を立てるべきことを命じた裁判所の所在地を管轄する地方裁判所の管轄区域内の供託所（民事訴訟法76条本文）

2．民事執行法上の担保供託

　　担保を立てるべきことを命じた裁判所または執行裁判所の所在地を管轄する地方裁判所の管轄区域内の供託所（民事執行法15条1項本文）

3．民事保全法上の担保供託

　　担保を立てるべきことを命じた裁判所または保全執行裁判所の所在地を管轄する地方裁判所の管轄区域内の供託所（民事保全法4条1項本文）

→なお、保全命令の発令に係る担保について、民事保全法14条2項の特例あり。

設問28
裁判上の保証供託の供託物は、何か？

金銭または担保を立てるべきことを命じた裁判所が相当と認める有価証券（社債、株式等の振替に関する法律の振替債を含む）である（民事訴訟法76条本文、民事執行法15条1項本文、民事保全法4条1項本文）。

設問29
営業上の保証供託について考えよう。
1．被供託者はいるか？
2．管轄の定めはあるか？

営業上の保証供託は、宅建業、旅行業など、取引の相手方が不特定多数で取引が広範な営業について、取引により損害を被った相手方を保護するためにする供託である。
→将来の損害賠償の担保である。

1について
いる。
被供託者は、取引により損害を被った相手方である。

しかし、営業の開始までに供託をすることを要するので、供託時には被供託者はいない。

2について
宅建業法、旅行業法などに個別の規定がある。
「主たる事務所の最寄りの供託所」とされることが多い（宅建業法25条1項など）。

なお、宅建業法の場合、供託物は、「国債証券、地方債証券その他の国土

交通省令で定める有価証券（社債、株式等の振替に関する法律第278条第1項に規定する振替債を含む。）」である（宅建業法25条3項）。

宿題6｜　営業保証供託において、利息または利札に保証の効力が及ぶか？

設問30

　宅地建物取引業者が廃業した場合、直ちに供託した営業保証金の取戻しをすることができるか？

　できない。
　取戻しをするためには、原則として6か月以上の期間を定めて公告をすることを要する（宅建業法30条2項本文）。
→取引により損害を被った相手方がいるかもしれないので、公告を要するのである。

宿題6の解答▼

　利息または利札に保証の効力は及ばない。
　したがって、廃業をせずとも、供託者は利息または利札の払渡しを請求することができる。

◆一問一答◆

問　供託された営業保証金の還付を受ける場合、元本の他に利息の払渡しを受けることができるか？

答　できない。利息には保証の効力が及ばないので供託者の営業により損害を被った者などからの還付請求の対象にはならない。

設問31

　保管供託に被供託者はいるか？

　いない。
　保管供託は、供託物を保管すること自体が目的である（銀行法26条など）。

　公職の候補者の届出をしようとするものがする供託（選挙供託）について考えよう。
1．被供託者はいるか？
2．管轄の定めはあるか？
3．供託物は何か？

　選挙供託は、供託の1つである。
　没取供託は、供託物を没取することを目的とする。
→泡沫候補の乱立を防止するため、一定の得票数に達しない候補者の供託物を没取する。

1について
　国または地方公共団体が被供託者である。

2について
　ない。
　全国どこの供託所に供託をしてもよい。

3について
　供託物は、金銭またはこれに相当する額面の国債証書（振替国債を含む）である（公職選挙法92条1項）。
→国債証書以外の有価証券を供託することができないことに注目のこと。

設問33

　代供託とは、何か？

　供託した有価証券の償還金、利息、配当金を供託所が受け取り、これを有価証券に代えて供託する手続である（供託法4条）。
→これらの金銭を有価証券の従として供託する場合を、附属供託という。

設問34

　代供託請求書、附属供託請求書に記載した供託金額、有価証券の枚数等について、訂正、加入または削除をすることができるか？

できない（供託規則6条6項）。

　供託金額、有価証券の枚数等の訂正、加入または削除をすることができない書面は、次のとおりである。
1．供託書
2．供託通知書
3．代供託請求書
4．附属供託請求書
5．供託有価証券払渡請求書
6．供託有価証券利札請求書

宿題7｜　上記の3から6の書面には、共通点がある。それは、何か？

宿題8｜　供託金払渡請求書に記載した金額について、訂正、加入または削除をすることができるか？

設問35

　供託物の差替えとは、何か？

　保証供託において、供託者が、新たに供託をし、従前の供託物を取り戻す手続のことである。
　従前、有価証券を供託していたが金銭に差し替えることも、その逆もできる。

参考先例 ～～～～～～～～～～～～～～～～～～～～～～～～～～～～～～～～～～～～～～～
　供託物の差替えは、供託物の一部についてすることができる（昭42.1.9－16）。
～～～

設問36

供託物の保管替えは、どういう場合にすることができるのか？

　供託物の保管替えは、営業保証供託に特有の問題である。

　営業保証供託では、「主たる事務所の最寄りの供託所」に供託をすべきも
のとされることが通例である。

　そこで、供託をした営業者が、その主たる事務所を移転したときに、供託
金を、移転先を管轄する供託所に移管する手続が保管替えである。

　保管替えは、次の場合に限り、することができる。

1. 保管替えをすることができるという規定があるとき（宅建業法29条1項
　など）。
2. 供託物が、金銭または振替国債であるとき。

→有価証券の保管替えはすることができないことに注目しよう。

参考先例 ❖❖❖❖❖❖❖❖❖❖❖❖❖❖❖❖❖❖❖❖❖❖❖❖❖❖❖❖❖❖❖❖❖❖❖❖

　供託物払渡請求権が差し押さえられ、または譲渡、質入れされた後は、供託金の保管替えをすることができない（昭36.7.19－1717）。

❖❖

設問37

　供託書に、供託者または被供託者の住所氏名を「代替住所Ａ　代替氏名Ａ」と記載して、裁判上の保証供託をすることができるか？

できる（令5.2.2－27、28）。

　民事訴訟手続において、申立人の住所または氏名（あるいはその双方）に係る秘匿決定がされたときは、匿名による供託をすることができる。
→秘匿対象者の住所氏名に代わる事項（代替住所Ａ、代替氏名Ａ）を代替事項と呼ぶ。

　この場合、供託書の備考欄には、供託者または被供託者の住所氏名について、民事訴訟法133条1項の秘匿決定がされている旨を記載する。

◆一問一答◆

問　裁判上の保証供託以外にも、匿名による供託ができるか？

答　できない。秘匿決定がされるのは裁判上の手続のみであるから、このことは当然のハナシである。なお、裁判上の保証供託には、仮差押解放金・仮処分解放金の供託も含む。

設問38

　委任による代理人によって、供託者を「代替住所Ａ　代替氏名Ａ」とする供託をするときは、代理権限証書として、委任状のみを提示すればよいか？

委任状と併せて、代替事項に係る氏名または住所を明らかにする裁判所書記官作成の証明書の提示を要する（令5.2.2－28）。

委任状には、委任者の現住所と実名が記載されているはずであり、その者と、供託書に記載された供託者（代替住所A　代替氏名A）が同一人物であることの証明を要するためである。

●展開●　委任状のみの提示で足りる場合

上記のハナシには例外がある。たとえば、委任状に、「委任者の氏名及び住所については、何地方裁判所令和何年（何）第何号何事件において民事訴訟法第113条第1項の決定がされ、これに代わる事項として「代替氏名A」及び「代替住所A」と定められている。」などの代替事項に係る記載があるときは、これによって委任者と供託者の同一性を確認できるため、裁判所書記官作成の証明書の提示を要しないのである（令5.2.2－27、28）。

第3章 ｜ 供託後の権利関係

　供託物払渡請求権は、国（供託所）に対する寄託物の返還請求権であり、基本的に、一般の債権と相違しない。

　したがって、供託物払渡請求権について、差押え、仮差押え、質権設定、債権譲渡などの権利変動が生じることがある。

　また、供託物払渡請求権は、債権者代位権の目的ともなり、相続の対象でもある。

　なお、供託金払渡請求権には、取戻請求権と還付請求権がある。

　この両者は、**別個の権利**であり、それぞれに独立であることを原則とする。

設問 1

　甲は、供託物払渡請求権を乙に譲渡した。乙は供託所に払渡しを請求することができるか？

　甲が、債務者（供託所）に、債権譲渡の通知をすれば、乙は供託所に払渡しを請求することができる。

　債務者に対して、債権譲渡を対抗するためには、譲渡人が通知をすることを要する（民法467条1項）。

　供託物払渡請求権に質権が設定されたときも、同様に、供託所への対抗要件として質権設定者からの通知を要することとなる（民法364条、467条1項）。

　甲は、供託物払渡請求権を乙に譲渡し、供託所にその旨の通知をした。
 1．通知書に、甲の印鑑証明書を添付する必要があるか？
 2．甲が確定日付のない証書で通知をしたときは、乙は第三者に債権譲
　　渡を対抗することができるか？

1について

　通知書に、甲の印鑑証明書の添付は要しない。

　ただし、甲の印鑑証明書の添付がないときは、乙が払渡請求をするときに、譲渡人甲の印鑑証明書の添付を要する（昭35決議）。

→このため、実務上は、印鑑証明書を添付することが通例である。

2について

　第三者に債権譲渡を対抗することができる。

　債権譲渡通知は、供託所において、譲渡通知等つづり込帳に編てつされる（供託規則5条1項）。

　その際に、受付の旨とその年月日時分が記載されるため、通知は、確定日付のある通知となるのである。

→譲渡通知書等つづり込帳には、この他、質権設定の通知書、（仮）差押命令書、転付命令書などの供託物払渡請求権の移転や処分制限に関する書類が編てつされる。

参考先例

　同一の供託金の取戻請求権に、債権譲渡通知と債権差押えおよび転付命令が同時に送達されたときは、真正な請求権者であることを確保できる確定判決等の添付がなければ払渡しに応ずることができない（昭37.11.22－3355）。

設問 3

　弁済供託において、供託者が供託を撤回することができるか？

できる。

　弁済供託においては、供託者が供託物を取り戻すことが認められている（民法496条 1 項前段）。

　これにより、供託をしなかったものとみなされる（同項後段）。

→弁済供託は、もともと、供託者の便宜のための制度だから、任意に取戻しをすることができるのである。

設問 4

　弁済供託において、どういう場合に、供託者が供託物を取り戻すことができなくなるか？

　次の場合、取戻しをすることができなくなる（民法496条 1 項・ 2 項）。

1 ．債権者が供託を受諾したとき
2 ．供託を有効と宣告した判決が確定したとき
3 ．供託によって質権または抵当権が消滅したとき

《関連事項》書面の提出

　上記 1 および 2 の場合、弁済供託の債権者は、供託所に対して、供託を受諾する旨を記載した書面または供託を有効と宣告した確定判決の謄本を提出することができる（供託規則47条）。

→この書面の提出により、供託者の供託不受諾による取戻権が封じられることになる。

→なお、供託によって質権または抵当権が消滅することは、供託書の記載事項だから、もともと、供託所において自明のことである（供託規則13条 2 項 7 号）。

参考先例

　供託により消滅すべき抵当権がある弁済供託について、供託者が被供託者の承諾書を添付して、供託不受諾による取戻請求をしたときでも払渡しを認可することができない（昭46決議）。

> 次の場合、供託者が供託物を取り戻すことができるか？
> 1．被供託者が、供託所に対して、口頭で供託受諾の意思表示をしたとき
> 2．被供託者が、供託所に対して、書面で供託受諾の意思表示をしたが、その後、その意思表示を撤回したとき

1について

　取り戻すことができる。

　口頭による供託受諾の意思表示は無効である（昭36.4.4－808）。

→供託規則47条は、弁済供託の債権者は供託受諾書の提出をすることができると規定している。

2について

　取り戻すことができない。

　供託受諾の意思表示の撤回は認められないためである（昭37.10.22－3044）。

→なお、供託受諾の意思表示について錯誤の主張をすることは可能である（昭42決議）。

参考先例

供託受諾書には、印鑑証明書の添付は要しない（昭41.12.8－3321）。

設問6

> 反対給付を条件とする弁済供託において、反対給付が未了のときに、被供託者が供託受諾をすることができるか？

　できる。

　供託受諾には、供託者の取戻しを封じる作用がある。

　設問のように、すぐには還付請求をすることができないときに、供託受諾の意思表示をする実益があるといわれている。

→被供託者が還付できるときは、直ちに還付すれば足りるため。

◆ポイント◆ 供託受諾の制度の趣旨

　もともと、供託は、被供託者のためにする寄託契約なので、被供託者がこれを受諾したときは、供託者による供託の撤回（供託物の取戻し）を認めないとした。

　これが、供託受諾の制度の趣旨である。

参考先例

　弁済供託について、還付請求書と取戻請求書が同時に提出されたときは、還付請求を認可し、取戻請求を却下する（昭46決議）。

→還付請求権を優先させた事案である。

設問7

　次の者は、供託受諾の意思表示をすることができるか？
1．債権者代位により、還付請求権を行使する一般債権者
2．還付請求権の差押債権者
3．還付請求権の仮差押債権者

1と2について

　供託受諾の意思表示をすることができる。

3について

　供託受諾の意思表示をすることができない。

　仮差押債権者の取立権は、いまだ、現実化していないためである。

参考先例

　被供託者、還付請求権の譲受人、転付債権者および取立債権者ならびに債権者代位権を行使する一般債権者は、供託受諾の意思表示をすることができるが、仮差押債権者は、取立権を有しないので供託受諾の意思表示をすることができない（昭38.2.4－351）。

1．供託物の取戻請求権が差し押さえられたとき、被供託者が供託物を還付することができるか？

2．供託物の還付請求権が差し押さえられたとき、供託者が供託不受諾により供託物を取り戻すことができるか？

1および2について

いずれも払渡しを受けることができる。

取戻請求権と還付請求権は別個の権利だから、取戻請求権が差し押さえられても、還付請求権の行使が妨げられることはない。

また、供託物の還付請求権が差し押さえられたときでも、供託者が供託物を取り戻すことができる。

→なお、差押債権者が供託受諾の意思表示をしたときは、供託者は供託不受諾による取戻しをすることができないこととなる。

参考先例

弁済供託の還付請求権に対して滞納処分による差押えの通知があった後に、供託者が、供託不受諾により取戻請求があったときは払渡しが認められる。

ただし、その差押通知書に供託受諾の旨が併記してあるときは、払渡しを認めることができない（昭42.3.3－267）。

設問 9

以下、いずれの事例も、適法に、供託所に対して債権譲渡通知がされている。

1．弁済供託において、供託物の取戻請求権が譲渡されたとき、被供託者が供託物を還付することができるか？

2．供託物の還付請求権が譲渡されたとき、供託者が供託不受諾により供託物を取り戻すことができるか？

1について

　被供託者が供託物を還付することができる。

　取戻請求権の譲渡は、還付請求権の行使に影響を与えない。

2について

　供託者が供託不受諾により供託物を取り戻すことはできない。

　還付請求権の譲渡は、供託受諾の意思を包含すると考えられるためである。

参考先例

　被供託者から供託金還付請求権の譲渡通知が供託所に送達された後は、供託者からの供託不受諾による取戻請求を認可することができない（昭38.5.22−1452）。

設問10

　弁済供託において、被供託者が供託受諾の意思表示をしたときに、錯誤を理由として供託者が供託物の取戻しをすることができるか？

　できる。

　供託錯誤は供託物の取戻事由の1つである（供託法8条2項）。

　被供託者の供託受諾の意思表示により封じられるのは供託不受諾による取戻請求であり、供託錯誤による取戻しではない（民法496条1項）。

第4章 ┃ 供託物の払渡手続

供託物の払渡しは、取戻請求の場合と還付請求の場合がある。

供託手続と同様に、当事者出頭主義はとられていないから、郵送、オンラインにより払渡請求をすることができる。

→オンラインによる請求は、供託金、供託金利息、供託振替国債の払渡しについて認められる（供託規則38条1項2号）。

参考先例

郵送または使者による供託物の払渡請求をすることができる（大11.6.24－2367）。

設問1

供託物払渡請求書は、何通提出すべきか？
1．供託物が金銭の場合
2．供託物が有価証券の場合
3．供託物が振替国債である場合

1について

1通である。

供託官は、供託金の払渡しの請求を理由があると認めるときは、供託物払渡請求書に払渡しを認可する旨を記載して押印しなければならない（供託規則28条1項前段）。

この場合、供託官は、請求者をして当該請求書に受領を証させる。
→これが、受取証書となり、供託所が保管をするのである。

原則として、金銭の払渡しは、小切手により行われる（供託規則28条1項後段）。
→なお、請求者の申出があるときは、隔地払または預貯金振込みも可能である。

2について

　2通である（供託規則22条1項カッコ書）。

　1通は、供託所が保管し、残りの1通は、払渡しを認可した旨の記載をして払渡請求者に交付する（供託規則29条1項）。

→供託所の保管分には、請求者に払渡しの認可の記載のある供託物払渡請求書の受領をしたことを証させる。供託所は、これを受取証書として保管するのである。

　こうして交付された、払渡しの認可の記載のある供託有価証券払渡請求書を持参して、払渡請求者は、日本銀行で有価証券の払渡しを受けることになる。

3について

　2通である（供託規則22条1項カッコ書）。

　1通は、供託所が保管し、残りの1通は、払い渡した旨の記載をして払渡請求者に交付する（供託規則29条2項）。

→供託所の保管分に受取証書の意味はない。供託者は、供託所からは何ら財産的価値のあるものを受け取っていないからである。

　交付された払渡しの認可の記載のある供託物払渡請求書は、単なる、請求者の「控え」である。

→後日、払渡請求者が、何らかの権利行使のために使用する書面ではない。

→「控え」を要するのは、金銭の支払のときと相違して「小切手」のような現物の交付がされないためである。

《関連事項》供託振替国債の払渡しの認可

　供託振替国債について、その償還期限の3日前を経過しているときは、その払渡しを請求することができない（供託規則23条の2第1項）。

宿題1　　次の請求書は、1通を提出するか？　それとも2通か？
　1．供託金利息請求書
　2．供託有価証券利札請求書

宿題 1 の解答▼

1. 供託金利息請求書は 1 通でよい。
2. 供託有価証券利札請求書は 2 通を提出する（供託規則36条 1 項）。
　以上の相違は、供託利息の払渡しは供託所が小切手により行うが、供託有価証券利札の払渡しは払渡しの認可の記載のある供託有価証券利札請求書を持参して、払渡請求者は、日本銀行で有価証券の払渡しを受けることになるためである。

設問 2

　　次の払渡請求書の、金額や有価証券の枚数、総額、利札の枚数の訂正をすることができるか？
1. 供託金払渡請求書
2. 供託金利息請求書
3. 供託有価証券払渡請求書
4. 供託有価証券利札請求書
5. 供託振替国債払渡請求書

　訂正が可能なのは、1、2、5である。

　供託金払渡請求書、供託金利息請求書は、1 通しか作成されず受取証書として供託所が保管する。後日の改ざんのおそれがないので、訂正が認められる。

　供託振替国債払渡請求書は、2 通作成されるが、1 通は供託所が保管し、もう 1 通は払渡請求者の単なる「控え」である。改ざんをしても実益がないので、訂正が認められる。

　これに対して、供託有価証券払渡請求書、供託有価証券利札請求書は 2 通作成される。

　うち 1 通は、払渡請求者に交付されて、日本銀行に対して払渡しを請求する証書となる。

　このため、払渡認可後に、払渡請求者が不法に改ざんをする可能性が生じるため、もともと、訂正をすることができないという仕組みにしている（供

託規則6条6項)。

設問3

　供託物払渡請求書の記載事項は、何か？

　次の事項である（供託規則22条2項）。

1．供託番号
　→供託をしたときに、事件ごとに付された番号。

2．払渡しを請求する供託金の額、供託有価証券の名称、総額面、券面額
　（券面額のない有価証券についてはその旨）、回記号、番号および枚数また
　は供託振替国債の銘柄および金額
　→設問2では、この記載事項の訂正の可否の問題を取り扱った。

3．払渡請求の事由
　→還付の場合の「供託受諾」、取戻しの場合の「供託不受諾」など。

4．還付または取戻しの別

5．隔地払の方法または預貯金振込みの方法により供託金の払渡しを受けよ
　うとするときは、その旨
　→隔地払とは、銀行での払渡しのこと。5の記載がないときは、小切手により金
　　銭の支払がされることになる。
　→預貯金振込みの方法によるときは、代理人（司法書士など）の口座に振込みを
　　受けることもできる。

6．国庫金振替の方法により供託金の払渡しを受けようとするときは、その
　旨
　→国の機関が払渡請求をするときの記載事項である。

7．供託振替国債の払渡しを請求するときは、請求者の口座

8．請求者の氏名および住所
　→請求者が法人であるときまたは法人でない社団もしくは財団であって、代表者
　　もしくは管理人の定めのあるものであるときは、その名称、主たる事務所およ
　　び代表者または管理人の氏名

9．請求者が供託者または被供託者の権利の承継人であるときは、その旨
　→供託者または被供託者の相続人が払渡請求をする場合などの記載事項である。

10．代理人により請求する場合には、代理人の氏名および住所

→ただし、公務員がその職務上するときは、その官公職、氏名および所属官公署
　の名称
11.　供託所の表示
12.　払渡請求の年月日

<hr>

設問4

　供託物払渡請求書には、請求者またはその代表者もしくは管理人、も
しくは代理人の押印を要するか？

<hr>

　供託有価証券払渡請求書には、常に押印を要する。この点について、例外
はない。
　これ以外の場合であって、委任による代理人が供託物払渡請求書に記名し
たときは、その代理人の押印を要しない（供託規則22条2項ただし書）。
→司法書士の認印など不要という意味。

　また、請求者自らが払渡しを請求する場合であっても、印鑑証明書の添付
を要しないときは、供託物払渡請求書への押印を要しない。
→ここも、認印は不要というコトである。

　ただし、供託時の委任状を添付することによって印鑑証明の添付を省略
するケースにおいては供託物払渡請求書への押印（認印）を要する（供託規
則26条4項参照）。
　これは、供託時の委任状に押印したハンコと同じものを供託物払渡請求書
に押印することにより印鑑証明書の添付を省略する仕組みであるから、コト
の性質上、押印を要するのは当たり前である。

<hr>

設問5

　供託受諾により、被供託者が、供託物の還付請求をする場合、「還付
を受ける権利を有することを証する書面」の添付を要するか？

<hr>

　要しない。

　供託物の還付をするときは、原則として「還付を受ける権利を有することを証する書面」の添付を要する（供託規則24条1項1号本文）。

→添付書面である。提示では足りない。後日、供託所において正当な権利者に払渡しをしたことの証明を要するからである。

　しかし、副本ファイルの記録により、還付を受ける権利を有することが明らかである場合は、これを要しない（同号ただし書）。

　被供託者が、供託物の還付請求をするときは、副本ファイルの記録により、還付を受ける権利を有することが明らかである場合に当たる。

《関連事項》還付請求の実体法上の要件

　供託物の還付を請求する者は法務大臣の定める所によって、その権利を証明することを要する（供託法8条）。

　具体的には、被供託者の確定、被供託者の権利の確定、請求権行使の条件の成就が要求される。

参考先例

　被供託者を2人とする弁済供託金について、被供託者の1人から払渡請求があったときに、その持分が不明であるときは、平等の割合で払渡しをすることができる（昭40.2.22-357）。

→分割債権について、別段の意思表示がないときは、等しい割合で権利を有するとされているためである（民法427条）。

　共同相続人の1人が遺産分割によって賃貸土地の所有権を取得したときは、その者が遺産分割前に供託された賃料の全額の還付請求をすることはできないが、相続分に応じた還付請求をすることができる（昭42.5.12-990）。

→遺産分割前の賃料は、分割債権として、各相続人に相続分に応じて帰属すると考えられているためである。

還付請求権の譲渡を受けた者が、供託物の還付請求をする場合、「還付請求権を譲り受けたことを証する書面」の添付を要するか？

要しない。

還付請求権の前提として、債権譲渡通知書が供託所に送達されていることを要するから、債権譲渡があったことは、供託所において自明のことである。
→取戻請求権の譲渡の場合も同様である。

設問 7

被供託者を「AまたはB」とする供託がされた場合、Aが還付請求をするときは、「還付を受ける権利を有することを証する書面」として、どういう書面を要するか？

次のいずれかである。
1．Bの承諾書
2．Aの権利を証明するAB間の確定判決の謄本、和解調書、調停調書など

参考先例

被供託者を「AまたはB」とする債権者不確知による供託がされた場合、供託者が作成した承諾書を添付して、還付請求をすることはできない（昭36.4.4－808）。
→債権者不確知は、被供託者の間に紛争がある事案なので、供託者の承諾書では足りない。

被供託者を「AまたはB」とする債権者不確知による供託がされた場合、AおよびBが共同して還付請求をすることができる（昭37.3.31－906）。

設問 8

被供託者をAとする供託がされた場合、Aの相続人が還付請求をする

ときは、「還付を受ける権利を有することを証する書面」として、どういう書面を要するか？

戸籍全部事項証明書等の相続を証する書面の添付を要する（昭37.6.19－1622）。

参考先例

金銭による弁済供託の被供託者が死亡し、共同相続人の1人からその相続分について払渡請求があったときは、払渡しに応じることができる（昭37.12.11－3560）。

設問9

被供託者をAとする供託がされた場合、Aの一般債権者Bが債権者代位によって還付請求をするときは、「還付を受ける権利を有することを証する書面」として、どういう書面を要するか？

次の書面の添付を要する（昭38.5.25－1570）。

1．Bが債務者Aに対して債権を有する事実を証する債務名義またはAの承諾書

2．債務者Aの無資力の証明書

→民法423条1項本文の債権者代位権の要件事実をキッチリ証明することを要するのである。

◆一問一答◆

問　金銭債権の債権者が債務者に代位して不動産登記の申請をする場合、債務者の無資力を証する情報の提供を要するか？

答　要しない。不動産登記法に提供の根拠規定がない。

設問10

　供託物払渡請求書に承諾書の添付を要する場合、承諾書と併せて添付する承諾者の印鑑証明書には、作成期限の定めがあるか？

　ある。

　承諾書の作成前3か月以内またはその作成後に作成された印鑑証明書であることを要する（供託規則24条2項1号）。
→払渡請求の前3か月以内ではないことに注意しよう。
→なお、不動産登記法の添付書面となる承諾書の一部としての印鑑証明書には、作成期限の定めはない。

　なお、印鑑証明書のほか、承諾書と併せて添付を要する、登記された法人の代表者の資格を証する登記事項証明書、登記されていない法人の代表者の資格証明書および法人でない社団または財団の代表者または管理人の資格を証する書面にも、同様の作成期限の定めがある（同項2号～4号）。
→登記された法人の登記事項証明書は、登記情報連携による確認ができるときは、その添付を省略することができる（先例令4.8.1-376）。

設問11

　還付請求権の行使の条件として、被供託者の反対給付を要するときは供託物払渡請求書にはどういう書面の添付を要するか？

　「反対給付を履行したことを証する書面」の添付を要する（供託規則24条1項2号、供託法10条）。
　具体的には、供託者の承諾書または裁判、公正証書その他の公正の書面である。
→添付書面である。提示では足りない。後日、供託所において反対給付の履行の事実の証明を要するからである。

設問12

　被供託者が、次の留保をした上で、供託物払渡請求をすることができるか？
1．債務者が全額として供託したときに一部弁済に充当する旨の留保
2．債務者が家賃として供託したときに損害金として受諾する旨の留保

1 について

　留保付払渡請求をすることができる。

　家主が、家賃の増額請求をしたときに、賃借人が従前の家賃を供託した事案が典型例である。

　この場合、家主が漫然と供託金を還付すると、従前の家賃を黙示で認めたと解釈されることがある。
　そこで、これを避けるための留保付払渡請求が認められている。

2 について

　留保付払渡請求をすることはできない。

　債権の性質を変じるカタチの留保は認められない。
　債務者が家賃として供託した金銭を、損害金として還付することは、家賃として支払った債務者の意思を踏みにじることになるためである。

参考先例

　2 か月分の家賃として弁済供託があったときに、「1 か月分の家賃の弁済として受諾する」という留保をして還付請求をすることはできない（昭39決議）。
→ 1 か月分の家賃と 2 か月分の家賃では、債務の性質が異なる。

　地代・家賃の増額請求に伴って受領拒否による弁済供託がされたときに、貸主が増額請求後の地代に相当する金額のみ受諾するとした留保付還付請求をすることはできない（昭37.3.14−695）。

→債務者には、増額分の支払の意思が認められない。

借家人が毎月供託した賃料を、供託者が供託した月以前の分の賃料として受諾するとした留保付還付請求をすることはできない（昭40.1.7−67）。

家賃の弁済供託があった後に、被供託者から損害金として受諾する旨の供託受諾書が提出されたときでも、供託者は取戻請求をすることができる（昭39.7.20−2591）。

設問13

次の書面についての供託物払渡請求書への添付または提示の別は、供託書に添付または提示するときと相違があるか？
1．法人の資格証明書
2．代理権限証書
3．法人でない社団または財団がする手続に係る書面

1について
相違がない（供託規則27条3項、14条1項前段・2項）。
→供託規則27条3項が、供託書の添付書面に係る規定をそのまま準用している。

供託物払渡請求をする場合も、登記された法人の登記事項証明書は提示書面であり、登記されていない法人の資格証明書は添付書面である。
また、登記された法人につき、登記情報連携による登記事項証明書の提示の省略の仕組みも、供託時と相違がない（先例令4.8.1-376）。

2について
相違する。

供託物払渡請求をする場合、原則として代理権限証書は添付書面である（供託規則27条1項本文）。
→後日、供託所において、正当な代理人に払渡しをしたことの証明をする必要があ

るため。

ただし、支配人その他登記のある代理人に係る登記事項証明書は提示でよ
い（同項ただし書）。
→後日、法務局内部で、代理権限の調査が可能だからである。
→登記情報連携による確認ができるときは、その提示を省略することができる（先
　例令4.8.1-376）。

なお、供託手続においては、代理権限証書は、常に提示書面である（供託
規則14条4項）。

3について
　相違がない（供託規則27条3項、14条3項）。
→供託規則27条3項が、供託書の添付書面に係る規定をそのまま準用している。

供託物払渡請求をする場合も、次の書面の添付を要する。
1．社団または財団の定款または寄附行為
2．代表者または管理人の資格証明書

設問14

供託物払渡請求をする場合、原則として、請求者は、印鑑証明書を添
付すべきであるとされているが、その実印は、どこに押印するのか？
1．請求者が自ら払渡請求をするとき
2．委任による代理人によって払渡請求をするとき

1について
　供託物払渡請求書に押印する。

2について
　委任状に押印する。
→供託有価証券払渡請求書を除き、委任による代理人が記名したときは、その代理
　人は供託物払渡請求書への押印を要しない（供託規則22条2項ただし書）。

69

《関連事項》法定代理人、支配人等の場合

　法定代理人や支配人等が払渡請求をするときは、これらの者が実印を押印する。

→不動産登記法において、所有権の登記名義人が登記義務者となるときに誰が押印すべきかという問題と同一の原理である。

設問15

　設問14の場合に、供託物払渡請求書に添付すべき請求者の印鑑証明書に作成期限の定めがあるか？

　ある。

　作成後3か月以内のものに限る（供託規則9条）。

→添付を要する。印鑑証明書は重要文書であり、提示書面ではない。

参考先例

　供託物払渡請求書に添付された印鑑証明書の住所と、供託書の住所が相違するときは、住民票の写しなどによって住所の変更の事実を証明させることを要する（昭35.3.4－555）。

　法人でない社団または財団が払渡請求をするときは、その代表者個人の印鑑証明書（市区町村長作成のもの）の添付を要する（昭35決議）。

設問16

　供託物の還付請求をするときに、請求者が、印鑑証明書を添付することを要しない場合を挙げよう。

　次の場合がある（供託規則26条3項）。

1．払渡しを請求する者が官庁または公署であるとき
　　→そもそも、官公署には、印鑑証明書が存在しない。

2．払渡しを請求する者が個人である場合において、運転免許証等の公的な証明書であって、その者が本人であることを確認することができるものを提示し、かつ、その写しを添付したとき

→請求者が法人の場合は、この方法は使用できないことに注意。

→代理人や使者が供託所に出頭したときは、本人の運転免許証の提示などをしても、写真による本人確認ができないから、「その者が本人であることを確認することができるとき」に当たらない。

→運転免許証のほか、氏名、住所および生年月日の記載があり、本人の写真が貼付された公的な証明書の提示も可能である。個人番号カード、在留カードなど。

3．法令の規定に基づき印鑑を登記所に提出することができる者以外の者が供託金の払渡しを請求する場合（その額が10万円未満である場合に限る）において、支払証明書を供託物払渡請求書に添付したとき

→少額かつ官公署作成の支払証明書の持参人についての特例である。

→ただし、委任による代理人の預貯金口座への振込みによって供託金の払渡しを受けるときは、印鑑証明書の添付を要する。

→登記された法人の代表者などは、法令の規定に基づき印鑑を登記所に提出することができるから、この方法は使用できないことに注意。

4．裁判所によって選任された者がその職務として供託物の払渡しを請求する場合において、供託物払渡請求書または委任状に押印した印鑑につき裁判所書記官が作成した証明書を供託物払渡請求書に添付したとき

→不動産登記法において、登記義務者である破産者の破産管財人が、裁判所書記官作成の印鑑証明書を添付したときは、市町村長作成の印鑑証明書の添付を要しないことと同一の原理である。

◆一問一答◆

問　上記1から4の印鑑証明書の添付を要しないケースのうち、請求者が、供託物払渡請求書への押印を要しない場合はあるか？

答　2と3の場合には、押印を要しない。ただし、供託有価証券の還付を請求するときは、常に押印を要する。

設問17

　官公署の支払証明書について考えよう。
1．支払証明書は、どういう場合に交付されるのか？
2．支払証明書は、常に供託物払渡請求書の添付書面となるのか？

1について

　配当その他官庁または公署の決定によって供託物の払渡しをすべき場合である（供託規則30条1項）。

　執行供託がされた後に、裁判所がする配当等の場合が典型例である。

　この場合、官公署は、供託所に支払委託書を送付し、払渡しを受けるべき者に支払証明書を交付しなければならない。

2について

　常に添付書面となるわけではない。

　支払委託書の記載から供託物の払渡しを受けるべき者であることが明らかとならないときに限り、添付書面となる（供託規則30条2項）。

→たとえば、ＤＶ被害者である差押債権者が執行裁判所に住所の秘匿を申し出たときなどが、これに当たる。

→供託物払渡請求書に支払証明書を添付したときは、設問16の3の印鑑証明書の添付省略の特例が適用される場合があることになる。

宿題2 ｜ 　供託物払渡請求書に添付した支払証明書の原本還付をすることができるか？

設問18

　供託物の取戻しは、どういう場合にすることができるか？

　次の場合である（供託法8条2項）。
1．錯誤による供託であった場合（供託錯誤）
2．供託の原因が消滅したこと（供託原因消滅）
3．弁済供託における供託不受諾の場合
→3のみが、弁済供託に特有の取戻事由である。1と2は弁済供託を含めた供託全

般の取戻事由となる。

供託錯誤は、当初から供託が無効であるケースである。

たとえば、供託者が供託物を受け取る権利を有しない者を指定したときが、その典型例である（供託法9条）。

これに対して、供託原因消滅は、いったん有効な供託がされたが、その後に、供託の原因が消滅した場合をいう。

たとえば、裁判上の保証供託において被供託者に生じる可能性のあった損害が生じなかったとして、供託者が取戻しをする場合などがある。

宿題3　　供託者が売買代金債務を弁済供託した後に、被供託者が売買契約を解除したときは、供託者は、供託錯誤により供託物の取戻請求をすることができるか？

宿題の解答▼

宿題2

支払証明書の原本還付をすることはできない。

この他、供託手続において、原本還付をすることができない書面は、「代理人の権限を証する書面（官庁又は公署の作成に係るものを除く。）」である（供託規則9条の2第1項ただし書）。

宿題3

供託錯誤により供託物の取戻請求をすることはできない。

当初、供託は有効であったから、取戻事由は、「供託原因消滅」である。

設問19

供託不受諾により、供託者が、供託物の取戻請求をする場合、「取戻しをする権利を有することを証する書面」の添付を要するか？

要しない。

　供託物の取戻しをするときは、原則として「取戻しをする権利を有することを証する書面」の添付を要する（供託規則25条1項本文）。
→添付書面である。提示では足りない。後日、供託所において正当な権利者に払渡しをしたことの証明を要するからである。

　しかし、副本ファイルの記録により、取戻しをする権利を有することが明らかである場合は、これを要しない（同項ただし書）。

　供託者が、供託物の取戻請求をするときは、副本ファイルの記録により、取戻しをする権利を有することが明らかである場合に当たる。

　なお、被供託者から、供託受諾書や供託を有効と宣告した確定判決の謄本の提出がされているかどうかは、供託所において自明の事実である。
→供託書に、供託により消滅する質権または抵当権の記載があったときは、副本ファイルの記録により、取戻しをする権利を有しないことが明らかである場合に当たる。

設問20

　次の場合、「取戻しをする権利を有することを証する書面」として、どういう書面を添付することができるか？
　1．取戻事由が、供託錯誤のとき
　2．取戻事由が、供託原因消滅のとき

1について
　供託無効の確定判決、裁判上の保証供託における裁判所の証明書、弁済供託における被供託者の承諾書などが考えられる。

2について
　次のような書面が考えられる。
1．営業保証供託における担保官庁の証明書

2．裁判上の保証供託における担保取消決定書正本と確定証明書

3．裁判上の保証供託における裁判所の証明書

4．選挙供託における選挙長または選挙管理委員会の証明書

☞トークタイム　供託根拠法令

　供託をするにはその根拠となる法令が必要です。かつて、ある政党の代議士が、当選後に略歴詐称が発覚（卒業したという大学が、実は中退だった）、「歳費は全部供託するから議員活動を続けさせてください」と訴えていましたが、供託はできませんでした。これは、「略歴詐称の議員は歳費を供託できる」という法令が存在しないためです。

参考先例

　弁済供託の還付請求権に対して、債権差押命令および転付命令の送達があった後も、供託者は供託錯誤による取戻請求をすることができる（昭31.5.7－973）。

→そもそも、供託が無効であるからである。

　錯誤により債権額を超える額の供託がされたときは、債務の同一性が認められる限り、超過額について錯誤の事実を証する書面を添付して取戻しをすることができる（昭36.4.8－816）。

設問21

　供託物の取戻請求をする場合、請求者の印鑑証明書の添付を省略することができる場合は、還付請求の場合と同様であると考えてよいか？

　同じではない。

　還付請求の際に印鑑証明書の添付を省略できるケースに加えて、次の場合にも、印鑑証明書の添付を省略することができる（供託規則26条3項3号・4号）。

1．供託をしたときに供託官に提示した委任状を添付したとき
→なお、上記の委任状は、請求者が供託物払渡請求書または委任状に押印した印鑑と同一の印鑑を押したものに限る。

供託時の委任状の押印と、払渡請求時の押印が同一であれば、供託者の本人確認ができるから印鑑証明書の添付を不要としたのである。

なお、供託時の委任状には、供託をした時に供託官が押印した確認印があることを要する。
→この確認印は、たしかに供託時に提示した委任状であることの証明となるのである。

2．官公署から交付を受けた供託原因消滅証明書を添付したとき
→なお、法令の規定に基づき印鑑を登記所に提出することができる者は、この特例により印鑑証明書の添付を省略することができない。
→また、委任による代理人の預貯金口座への振込みによって供託金の払渡しを受けるときも、印鑑証明書の添付を要する。

前記の1は、供託時に提示した委任状の添付を要するし、2は、供託原因消滅という取戻しに限定の払渡事由の場合であるため、いずれも、供託物取戻請求においてのみ適用のある、印鑑証明書の添付省略の規定である。

●展開● 供託物払渡請求書への押印を要しない場合
官公署から交付を受けた供託原因消滅証明書の添付により、印鑑証明書の添付を省略できるときは、取戻請求者は、供託物払渡請求書への押印を要しない（供託規則26条4項）。
→ただし、供託物が有価証券であるときは、押印を要する。

これに対し、供託者自らが供託時の委任状を添付して供託物の取戻しを請求するときは、供託物払渡請求書への押印（認印）を要する。これは、供託時の委任状と同じハンコを押印することによって印鑑証明書の添付を省略する仕組みであるから、押印を省略できないのは理の当然といえる。

設問22

　供託物払渡請求権に質権の設定を受けた者が、直接、払渡請求権を行使することができるか？

　前提として、設定者から、供託所に質権設定の通知がされていれば、直接、払渡請求権を行使することができる（民法364条、467条1項、366条）。
→質権設定通知書は、譲渡通知書等つづり込帳に編てつされる（供託規則5条1項）。
　したがって、質権設定の事実は、供託所において自明のことである。

　なお、質権者は、質権の目的である債権を直接に取り立てるほか、民事執行法の規定に基づいて差押えや転付の手続により払渡しを受けることも可能である。

設問23

　供託物払渡請求権について転付命令を得た債権者は、払渡請求をするときに、還付または取戻請求権を有することを証する書面の添付を要するか？

　要する。

　転付命令書自体は、譲渡通知書等つづり込帳に編てつされる（供託規則5条1項）。
　したがって、転付命令の発令の事実は、供託所において自明のことである。

　しかし、転付命令は、確定しなければその効力が生じないから、転付債権者は、払渡請求書に転付命令の確定証明書の添付を要する（民事執行法159条5項）。

設問24

　供託物払渡しの一括請求の要件を挙げよう。

　同一人が数個の供託について同時に供託物の還付を受け、または取戻しを

しようとする場合において、払渡請求の事由が同一であるときに、供託物払渡しの一括請求をすることができる（供託規則23条）。

→1人の家主が、数か月分の家賃について、供託受諾により還付するときがその具体例である。

◆一問一答◆

問　次のうち、数人の者が共同してすることができるのはいずれか？

　1．一括供託

　2．供託物払渡しの一括請求

答　1の一括供託である。供託官が相当と認める場合、数人の者が共同して1通の供託書で供託することができる。

　→なお、一括供託の場合には、供託原因の異なる数個の供託を一括してすることもできる。

設問25

供託物の内渡しとは、何か？

供託物の内渡しとは、配当手続によらずに、供託物の一部の払渡しをすることである。

参考先例

数か月分をまとめて1件として供託した家賃の弁済供託について、その一部の月についてだけ供託受諾をして還付請求をすることができる（昭38.6.6－1675）。

→1件として供託したが、数個の債務と解されるので、内渡しが認められる。

A土地とB土地の売買代金が供託されたときに、A土地について供託を受諾して還付請求をすることができる（昭35決議）。

弁済供託について債権が共有されている場合、そのうちの1人が自己の持分についてのみ還付請求をすることができる（昭40.2.22－357）。

78

設問26

原則として、供託金の利息はどういうときに支払がなされるのだろうか？

利息は、元金と同時に払い渡される（供託規則34条1項本文）。

この場合、請求者は、金額欄に元金を記載した供託金払渡請求書を提出すれば足りる。

利息は、供託官が計算し、これを元金と合算した金額で小切手を作成する。

《関連事項》利息の計算法

供託金利息は、1年について0.0012パーセントである（供託規則33条1項）。

供託金利息は、供託金受入れの月および払渡しの月については付さない。

供託金の全額が1万円未満であるとき、または供託金に1万円未満の端数があるときは、その全額またはその端数金額に対しても、供託金利息を付さない（同条2項）。

設問27

例外的に、利息のみの支払がされるのは、どういうときか？

次の2つの場合がある。

1．元金の受取人と供託金利息の受取人とが異なる等元金と同時に払い渡すことができないとき（供託規則34条1項ただし書）。

　　この場合、元金を払い渡した後に、供託金利息の払渡しがなされる。

2．保証として金銭を供託した場合

　　この場合、利息部分には、保証の効果が及ばないので、供託者は、供託した月に応当する月の末日後に、同日までの供託金利息の払渡しを請求することができる（供託規則34条2項）。

上記1および2のいずれの場合も、利息の支払を請求する者は、供託金利息請求書1通を提出しなければならない（供託規則35条1項）。

~~~~~~

　供託物払渡請求権について譲渡または転付命令などの効力が生じたときは、その権利移転の日を基準として、利息を新旧の権利者に分けて払い渡す（昭33.3.18−592）。

→権利移転の日は、債権譲渡通知または転付命令が供託所に送達されたときである。

~~~~~~

設問28
　供託有価証券の利札の払渡しは、どういう場合にすることができるか？

　保証のため有価証券を供託した場合である。

　利札とは、有価証券の利息の支払を約束する有価証券である。
　保証の効力は、利札には及ばないから、供託者は、渡期の到来した利札の払渡しを受けることができる（供託規則36条１項）。

　利札の支払を請求する者は、供託有価証券利札請求書２通を提出しなければならない（供託規則36条１項）。

設問29
　供託に関する帳簿・書類の閲覧や供託に関する事項の証明書の請求は、どういう者がすることができるのか？

　供託につき、利害関係がある者である（供託規則48条１項、49条１項）。
　供託の制度は、公示を目的としないため、閲覧や証明の請求は利害関係人に限られる。

設問30
　供託に関する帳簿・書類の閲覧や供託に関する事項の証明書の請求をするときに、利害関係を有することを証する書面の提示または添付を要するか？

要しない（昭44.11.25－2626）。

利害関係人は、供託物に直接の利害を有する者に限られる（昭38.5.22－1452）。

したがって、供託所に送付された供託物払渡請求権の譲渡通知書等により、供託所において利害関係が自明な者に対してのみ、閲覧や証明の請求が認められるのである。

《関連事項》証明請求の方法

供託に関する事項の証明の請求をする場合、証明を請求する事項を記載した書面を、証明の請求数に応じ、添付しなければならない（供託規則49条3項）。

→供託官は、提出された書面に、供託事項に相違ない旨の認証文を記載して交付するのである。

設問31

供託に関する帳簿・書類の閲覧や供託に関する事項の証明書の請求をするときに、請求者は、請求書に印鑑証明書の添付を要するか？

原則として、添付を要する。

閲覧や証明の請求をする際には、供託物払渡請求をするときと同様の書面（印鑑証明書、資格証明書、代理権限証書など）の提示または添付を要するのである（供託規則48条3項、49条4項、26条、27条、14条1項～3項）。

→非常に、厳格な手続である。

設問32

供託者（または被供託者）を「代替住所Ａ　代替氏名Ａ」とする供託がされた後、請求者を「代替住所Ａ　代替氏名Ａ」と記載して、供託物の払渡しを請求することができるか？

できない。

供託物払渡請求書には、請求者の現住所と実名の表記を要する。

供託所において、誰に払渡しをしたのかを確認できないような事態は想定

できないためである。

→元々、払渡請求には印鑑証明書の添付を要することが原則であり、匿名のままでは本人確認をすることができない。

設問33

> 匿名による供託がされた後、秘匿対象者が供託物の払渡しを請求するときにはどのような書面を要するか？　また、その書面は提示で足りるか？

代替事項（代替住所Ａ　代替氏名Ａ）を明らかにする裁判所書記官作成の証明書を**添付**しなければならない。

→この証明書は、還付または取戻しをする権利を有することを証する書面の一部であるため、添付を要する。提示では足りない。

支払証明書や供託原因消滅証明書など、還付または取戻しをする権利を有することを証する書面に記載された人物（代替住所Ａ　代替氏名Ａ）と、払渡請求書の請求者（実名）が同一人物であることを証するためである。

設問34

> 匿名による供託がされた後、秘匿対象者が供託に関する事項の証明を請求する場合、その申請書には、請求者の住所氏名（現住所と実名）の記載を要するか？

要する（令5.2.2−28）。

つまり、匿名のままで証明請求をすることはできない。

供託所において、請求者が利害関係を有することの確認を要するためである。

また、この場合、証明申請書に記載された請求者の住所氏名と、副本ファイル上の「代替住所Ａ　代替氏名Ａ」なる人物が同一人であることを証する裁判所書記官作成の証明書の添付を要する。

→証明事項によっては、供託官が、上記の証明書によることなく利害関係を確認で

きる場合があり、その場合は、証明書の添付を要しない。

→以上のことは、供託に関する書類の閲覧請求の場合にもそのまま当てはまる。

☞トークタイム　還付優先の思想

供託には、供託者から供託物をいったん国（供託所）が預かり、これを被供託者に払い渡すことを「自然の流れ」と考える思想があります。これが「還付優先の思想」です。

元来、供託物の取戻しと還付は別の請求権であり、相互に影響を及ぼさないことが原則なのです。たとえば、取戻請求権が差し押さえられてもこれにまったく影響を受けることなく被供託者は還付請求権を行使することができます。

しかし、一定の場合には還付優先の思想が現れることがあり、この場合、被供託者の側に生じた事情が取戻請求権に影響を与えます。

たとえば、被供託者が供託受諾の意思表示をしたときは供託者は供託物の取戻しをすることができなくなりますし、また、取戻しと還付の請求が同時にされたときは、供託官は還付を受理し、取戻しを却下します。

第5章 ‖ 消滅時効など

　供託金払渡請求権は、債権者が権利を行使することができることを知った時から5年間行使しないとき、または権利を行使することができる時から10年間行使しないときは、時効によって消滅すると解される（民法166条1項1号・2号）。

→主観的起算点から5年、客観的起算点から10年の時効期間が民法の原則である。

→供託の法的性質は、私法上の寄託契約であるから、民法が適用され、時効期間を権利を行使できる時から5年とする会計法30条の適用が排除される。

　国は、時効利益を放棄することができないため（会計法31条）、供託金の還付請求権、取戻請求権の双方について消滅時効が完成したときは、供託金払渡請求権は消滅する。

　この場合、供託官は、時効による歳入納付の手続をする（準則88条）。

参考先例

　供託金払渡請求権の消滅時効の満了日について、民法142条の適用はない（昭41.1.26-39）。

宿　題｜　供託金取戻請求権が時効により消滅した場合、還付請求権の時効期間に影響が生じるか？

宿題の解答▼

　影響はない（昭35.8.26-2132）。
　取戻請求権と還付請求権は、別個の債権だからである。

設問 1

　弁済供託の供託金払渡請求権の消滅時効の客観的起算点は、原則として、いつか？

　供託をした時である（昭37.2.9−283）。

　民法上、消滅時効の客観的起算点は、権利を行使することができる時であるが、弁済供託においては、供託時から、取戻しおよび還付請求権のいずれについても権利の行使に法律上の障害がないためである。

　しかし、弁済供託においては、供託をした当事者間に紛争がある場合が存在する。

　また、紛争が認められないときにも、供託により生じた債務の消滅の効果を維持したいという供託者の事情にも配慮を示す必要がある。

　このため、上記の原則に対して、広い例外が認められている。

設問 2

　受領拒否による弁済供託において、払渡請求権の消滅時効の客観的起算点は、いつか？

　紛争の解決などにより、供託当事者間において払渡請求権の行使を現実に期待することができることとなった時である。

参考判例

　弁済供託における払渡請求権の消滅時効は、紛争の解決などにより、供託当事者間において払渡請求権の行使を現実に期待することができることとなった時点から進行する（最大判昭45.7.15）。

→賃料の受領拒否のケースにおける消滅時効の客観的起算点に関する判例である。

参考先例

　反対給付のある弁済供託の還付請求権の消滅時効の客観的起算点は、反対給付の履行があったときである（昭2.9.5−7313）。

設問 3

　　債権者不確知を原因とする弁済供託において、還付請求権の消滅時効の客観的起算点は、いつか？

　還付を受ける権利を有する者が確定した時である（昭45.9.25－723）。
→債権者不確知においては、債権者間に紛争がある。その解決の時が、時効期間の客観的起算点になる。

設問 4

　　受領不能（所在不明）を原因とする弁済供託において、還付請求権の消滅時効の客観的起算点は、いつか？

　供託の時である（昭60.10.11－6428）。
→紛争の発生が見られないため供託の当初から還付請求権の現実的行使が可能と解される。

参考先例

　債権者が死亡し、その相続人が不明であるときになされた弁済供託の還付請求権の消滅時効の客観的起算点は、供託の日である（昭44決議）。
→これも、紛争の発生が見られないケース。

　受領不能による弁済供託について、消滅時効が完成する前に供託金を還付するための被供託者の相続財産清算人の選任の申立てがされたときは、その完成後に相続財産清算人が選任されたときでも、還付請求に応じることができる（昭57.10.20－6298）。

設問 5

　　受領不能または債権者不確知を原因とする弁済供託において、取戻請求権の消滅時効の客観的起算点は、いつか？

　この事例は、通常、供託者と被供託者の間には、紛争の発生がないものと

考えられる。

　しかし、供託者には、供託により債務を免れるという利益が存在し、この利益の存する限りは、事実上、取戻請求権の行使をすることができないであろう。

　そこで、消滅時効の客観的起算点は、供託による免責の効果を受ける利益が消滅した時となる。

　具体的には、供託の基礎となった供託者の債務について消滅時効が完成した時などがこれに当たる。

設問6

　弁済供託の場合、錯誤による供託金の取戻請求権の消滅時効の客観的起算点は、いつか？

　原則として、供託をした時である。

　しかし、供託書の「供託の原因」欄の記載から、供託時において供託原因の不存在が明白でないときは、供託物払渡請求書の添付書面から、その供託が錯誤によるものであることが確定した時点である（平14.3.29 - 803）。

→供託が無効であるかどうかについて、裁判所の判断を要することもあるため、この先例は消滅時効の起算点を遅らせている。

設問7

　保証のための供託金の払渡請求権の消滅時効の客観的起算点は、いつか？
1．取戻請求権の場合
2．還付請求権の場合

1について

　官公署等が供託原因消滅の証明をした時である（大11.9.18 - 2214）。

2について

　官公署等が供託金還付についての証明をした時である（大11.9.18 - 2214）。

　配当を実施するため、裁判所が支払証明書を交付し、支払委託書を供託所に送付したときは、その日が消滅時効の客観的起算点となる（大11.9.18－2214）。

設問8

　　供託有価証券の払渡請求権は、時効により消滅するか？

　消滅しない。

　供託有価証券の払渡請求権は、所有権に基づく物権的返還請求権だからである（昭4.7.3－5618）。

　しかし、有価証券によって表象された権利が消滅したときは、供託を持続する実益がないので、供託官は、日本銀行に証券の取戻しを請求して、既済の処理をする（昭32.10.17－2019）。

　なお、この場合であっても、当事者が、証券の払渡しを請求することができる（昭36.9.5－2090）。

設問9

　　供託物払渡請求権が差し押さえられたときは、供託物払渡請求権の消滅時効の完成が猶予されるか？

　消滅時効の完成は猶予されない。

　時効の完成が猶予されるのは、差押えの前提となった、差押債権者の債務者（供託物払渡請求権者である供託者や被供託者など）に対する債権のほうである。

　民法には、各種の時効の完成猶予・更新事由に関する規定があるが、このうち、供託物の払渡請求権についてその適用があるのは、（供託所がする）

債務の承認による時効の更新だけである。

参考先例 •••

　供託物払渡請求権に対して、差押え、仮差押え、仮処分がされたときも、供託物払渡請求権の消滅時効の完成は猶予されない（昭44.3.3－345）。

•••

設問10

　次の場合、供託物払渡請求権の消滅時効は、更新するか？
1．供託官が、供託証明書を交付したとき
2．供託官が、供託者に供託関係書類の閲覧をさせたとき
3．供託官が、被供託者に対して供託金の払渡しに応じることができることを口頭で答えたとき

1について

　供託物払渡請求権の消滅時効は、更新する（昭18.3.15－131）。

2について

　供託物払渡請求権の消滅時効は、更新する（昭39.10.3－3198）。

3について

　供託物払渡請求権の消滅時効は、更新する（昭38.5.25－1570）。

参考先例 •••

　供託官が時効の更新事由となる口頭による回答をしたときは、閲覧および証明の場合（準則87条）に準じて、供託書副本にその旨の記載をしなければならない（昭38.7.1－1839）。
→上記の記載により、設問10の1から3のいずれも、供託官による「債務の承認」の記録が残るのである。なお、供託書副本とは現在の副本ファイルを意味する。

•••

　供託所が、弁済供託の被供託者の求めに応じて一般的な払渡手続などについて説明をしたのみでは、還付請求権の消滅時効は更新しない（昭41.10.5－

2828)。

→一般的な説明は、特定の供託事件についての債務の承認には当たらない。

設問11

　次の場合、供託物払渡請求権の消滅時効は、更新するか？

1. 一括して供託された5か月分の家賃のうち、3か月分の取戻しがされたとき

2. 弁済供託について供託受諾書が提出されたとき

1について

　残りの2か月分について、取戻請求権の消滅時効が更新する（昭39.11.21－3752）。

　民法上、債務の一部の弁済は、全部の承認に当たるためである。

2について

　消滅時効は更新しない（昭36.1.11－62）。

　供託所が、供託受諾書を受け取っただけでは、債務の承認には当たらない。

参考先例

　被供託者が数名いる場合、そのうちの1人に対して供託証明をしても、他の者の還付請求権の消滅時効は更新しない（昭39.3.27－769）。

→時効更新の相対効の帰結である（民法153条3項）。

設問12

　供託官の処分に不服のある者または供託官の不作為に係る処分の申請をした者がする審査請求について考えてみよう。

1. 審査請求は、誰がすることができるか？

2. 審査請求は、いつまで、することができるか？

3. 審査請求は、誰に対してするか？

4．審査請求書は、誰に提出するか？
5．法務局（または地方法務局）の長は、いかなる措置をすべきか？
6．審査請求に対する裁決に対して、再審査請求をすることができる場合があるか？

1について
　供託所に対して供託に関する申請をした者である。

2について
　いつでもよい（供託法1条の9は、行政不服審査法18条の適用を排除している）。

3について
　処分または不作為に係る供託官が属する監督法務局または地方法務局の長である（供託法1条の4）。

4について
　処分または不作為に係る供託官である。審査請求は供託官を経由してしなければならない（供託法1条の5）。

　供託官は審査請求を理由ありと認めたときまたは審査請求に係る不作為に係る処分をするべきものと認めるときは相当の処分をして、その旨を審査請求人に通知する（供託法1条の6第1項）。

　それ以外の場合は、意見を付して審査請求があった日から5日内に、監督法務局または地方法務局の長に送付する（同条2項）。

5について
　法務局の長の対応は、次の2つに分かれる。
1．供託官に相当の処分を命じる
　　これは、処分についての審査請求を理由ありとみとめたとき、不作為に係る処分を為すべきものと認めたとき（審査請求人勝ちのケース）に法務

局の長がすべき裁決の内容である。

2．供託官に申請の却下を命じる

　不作為に係る処分を却下すべきものと認めたとき（審査請求人負けのケース）に法務局の長がすべき裁決の内容である。

6について

再審査請求をすることはできない。

《関連事項》行政訴訟

　供託官のした処分に対して、処分取消し等の行政訴訟を提起することもできる。

　供託法において、審査請求前置主義はとられていないから、先に行政訴訟を提起してもよいし、審査請求の後に行政訴訟を提起してもよい（行政事件訴訟法8条1項本文）。

第6章 執行供託

執行供託は、各種の執行手続において、執行を補助するために、執行機関または第三債務者がする供託のことである。

設問1

配当留保供託は、どの供託所に供託すべきか?

どの供託所でもよい。
→土地管轄の定めがない。

●用語解説● 配当留保供託

配当等を実施したときに、債権者のうちに直ちに配当等を受けることができない者がいるときに、執行機関が行う供託のことである（民事執行法91条1項が代表例）。

宿題1 配当留保供託がされた後に、債権者の権利が確定したときは、どのような手続で供託物の払渡しがされるのだろうか?

設問2

不出頭供託は、どの供託所に供託すべきか?

債務の履行地の供託所である。
→実質的に、弁済供託と解されるため。

配当等は、裁判所の取立債務だから、具体的には執行裁判所の所在地を管轄する供託所である。

●用語解説● 不出頭供託

配当等を受けるべき者が、受領のために出頭しないときに配当実施機関がする供託である。

宿題の解答▼

宿題 1

　支払委託の方法による。

　配当その他、官公署の決定によって供託物の払渡しをすべき場合には、当該官公署は、供託所に支払委託書を送付し、払渡しを受けるべき者に支払証明書を交付しなければならない（供託規則30条1項）。

宿題 2

　供託通知書が発せられる。

　不出頭供託は、実質的に、弁済供託だからである。

　供託金の払渡しは、被供託者からの還付手続によることになる。

設問 3

　Aは、XのYに対する金銭（貸金）債権を差し押さえた。

　XのYに対する金銭債権の額は金100万円であり、Aが差し押さえた額は金70万円である。

1．Yは、いつ、誰に対して支払をすべきか？

2．Yは、供託をすることができるか？　その額はいくらか？

1について

　「いつ」支払をすべきかという問題

　Yは、弁済期が到来したら支払をすればよい。

　仮に、支払拒絶の抗弁権（同時履行の抗弁権など）があれば、支払を要しない。

→Yは他人（AとX）の民事執行事件に巻き込まれた被害者にすぎないので、これによって従前に比べて不利な地位になることはない。

「誰に」支払をすべきかという問題

差し押さえられた金額（金70万円）については、債務者（X）に差押命令が送達されてから1週間が経過すると、Aが、直接、第三債務者（Y）から取立てをすることができる（民事執行法155条1項本文）。

したがって、Yは、Aに支払をすれば免責される。

残りの金30万円は、もともとの債権者であるXに支払えばよい。

2について

Yは、上記1の方法に代えて、供託をすることもできる（権利供託　民事執行法156条1項）。

供託することができる金額は、70万円（差し押さえられた金額）または100万円（債務の全額）のいずれかである。

なお、供託も、弁済期の到来を待ってすれば足りる。

しかし、同時行の抗弁権を有するなどの特段の事情なく、弁済期を過ぎて供託をするときは、遅延損害金を付して供託すべきことになる。

設問4

　Aは、XのYに対する金銭債権を差し押さえた。

　XのYに対する金銭債権の額は金100万円であり、Aが差し押さえた額は金70万円である。

1. Yが供託をするときは、どの供託所に供託すべきか？
2. Yが金70万円を供託するときは、被供託者の欄に何と書くのか？
3. Yが金100万円を供託するときは、被供託者の欄に何と書くのか？
4. 供託後に、Yは何をすべきか？
5. 上記の行為は、何のために必要とされるのか？

1について

債務の履行地の供託所である（民事執行法156条1項）。

→義務供託となる場合も、同様に、供託管轄は債務の履行地の供託所である（民事

執行法156条 2 項、 3 項)。

2 について

何も書く必要がない。

第三債務者がする執行供託において、供託金は執行裁判所の管理下に置かれる。

その後、誰に配当等をすべきであるかは、裁判所が決すべき事項であり、供託者の知ったことではない。

宿題3 | 供託された金70万円について、Yは、供託金の取戻しをすることができるか?

3 について

Xの氏名および住所を書く(供託規則13条 2 項 6 号)。

差押えの効果の及ばない金30万円の部分については、実質的に弁済供託であり、被供託者としてXを特定できるためである。

→なお、この場合も、供託書に記載すべき供託根拠法令は民事執行法156条 1 項のみで足りる。

宿題4 | 金30万円の部分の払渡しは、どのようにされるのか?

4 について

執行裁判所に、事情届をしなければならない(民事執行法156条 4 項)。

→なお、事情届には、供託書正本の添付を要する(民事執行規則138条 2 項)。

5 について

供託後に、執行裁判所が配当等(配当または弁済金の交付)の手続をすることを要するから(民事執行法166条 1 項 1 号)、その便宜のために、供託者は供託したという事情を届け出る必要があるのである。

宿題の解答▼

宿題3

　Yは取戻しをすることはできない。

　その理由は、取戻事由が生じていないからである。

　取戻事由は、供託錯誤、供託原因消滅、供託不受諾の3つに限られるが（供託法8条2項）、前二者の事情はなく、また、供託不受諾は、弁済供託に特有であり執行供託の取戻事由ではない。

宿題4

　金30万円の部分は、実質的な弁済供託だから、被供託者のXが供託受諾により還付することができる。また、供託者のYが供託不受諾によって取り戻すこともできる。

設問5

　第三債務者が、債務が差し押さえられたために供託をし、その旨の事情届をしたときは、執行裁判所は配当等を行い供託金の払渡しは支払委託の方法により行われることになる（供託規則30条1項）。

　では、その例外はあるか？

　ある。

　第三債務者が供託をした後に、差押命令の申立てが取り下げられ、または、差押命令を取り消す決定が効力を生じたときである。

　この場合も、払渡しは、原則としては、支払委託の方法による。

　しかし、執行債務者が払渡請求書に次の書面を添付したときは、供託所は払渡しを認可するものとされている（昭55.9.6－5333通達）。

1．差押命令の申立てが取り下げられ、または、差押命令を取り消す決定が効力を生じたことを証する書面
2．供託書正本およびその下附証明書

→下附とは、供託書正本を、執行裁判所が執行債務者に下附したという意味。

設問 6

　AおよびBが、XのYに対する金100万円の債権を差し押さえた。
　Aの差し押さえた金額は金60万円、Bの差し押さえた金額は金30万円であるとき、Yはいくらの供託をすることができるか？

　次のいずれかの金額である。
1．金30万円
2．金60万円
3．金90万円
4．金100万円

設問 7

　AがXのYに対する金銭債権を差し押さえた後に、Bも同一の債権を差し押さえ、差押えの競合が生じた。
　XのYに対する金銭債権の額は金100万円、Aが差し押さえた額は金70万円、Bが差し押さえた額は金50万円である。
1．Yは、いくらの供託をすべきか？
2．Yの債務の弁済期が到来していないときは、どうか？
3．Aの差押事件と、Bの差押事件の執行裁判所が異なる場合、Yは、いずれの執行裁判所に事情届をすべきか？

1について

　Yは、金100万円の供託をしなければならない（民事執行法156条2項）。
　この事例は、差押えが競合しているため、債務全額の義務供託となる。

　なお、差押えの競合とは、第三債務者が、取立訴訟の訴状の送達を受けるときまでに、差押えに係る金銭債権のうち差し押さえられていない部分を超えて発せられた差押命令、差押処分または仮差押命令の送達を受けたときを意味する（民事執行法156条2項）。

供託をした後に、第三債務者のＹが執行裁判所に事情届をすべきこと、その後、執行裁判所は配当等の手続をし、供託金の払渡しは支払委託によるべきことは、権利供託の場合と同様である（民事執行法156条4項、供託規則30条1項）。

→なお、供託の全部が執行供託だから、供託書の被供託者の欄は、空白でよい。

2について

弁済期の到来前に、Ｙが弁済を強いられることはない。

→Ｙは他人（ＡとＸ、ＢとＸ）の民事執行事件に巻き込まれた被害者にすぎないので、これによって従前に比べて不利な地位になることはない。

《関連事項》取立訴訟

Ｂの差押えが、Ａによる取立訴訟の訴状が第三債務者（Ｙ）に送達された後であるときも、Ｙには、供託義務が生じない。

この場合、Ｂは、配当等を受けることができないため、差押えは競合しないのである（民事執行法165条2号）。

3について

Ａの差押事件を管轄する執行裁判所（先に送達された差押命令を発した裁判所）である（民事執行規則138条3項）。

供託金の支払は、先に送達された差押命令を発した裁判所の配当手続によることとなるためである。

これを、「**先着手主義**」という。

◆一問一答◆

問 民事執行法において、債権執行の管轄裁判所はどこか？

答 原則として、債務者の普通裁判籍を管轄する地方裁判所である（民事執行法144条1項前段）。この普通裁判籍がないときは差し押さえるべき債権の所在地を管轄する地方裁判所が執行裁判所となる（同項後段）。

差押えが競合したときに、第三債務者に供託義務が生じる理由は、何か？

執行裁判所の便宜のためである。

差押えが競合すると、執行裁判所は、配当表を作成し配当を実施しなければならない（民事執行法166条1項1号・2項、84条1項・2項）。

このため、第三債務者に供託をさせ、供託金を執行裁判所の管理下に置く必要が生じるのである。

設問 9

Aは、XのYに対する金銭債権を差し押さえた。
XのYに対する金銭債権の額は金100万円、Aが差し押さえた額は金70万円であり、これに対してBが配当要求をした。
1．Yは、いくらの供託をすべきか？
2．債権執行において、配当要求をすることができるのは、いかなる者であるか？

1について

Yは、金70万円の供託をしなければならない（義務供託　民事執行法156条2項）。

→金70万円について、執行裁判所は、配当表により配当を実施しなければならないためである（民事執行法166条1項1号・2項、84条1項・2項）。

このほか、Yは、金100万円の供託をすることもできる（権利供託　民事執行法156条1項）。

→この場合、金30万円の部分は、実質的に弁済供託となる。

本事例は、差押債権に対して、配当要求がされている。

　第三債務者は、取立訴訟の訴状の送達を受ける時までに、差押えに係る金銭債権に配当要求があった旨を記載した文書の送達を受けたときは差し押さえられた部分に相当する金銭を債務の履行地の供託所に供託しなければならない（民事執行法156条2項）。

2について

　次の者である（民事執行法154条1項）。

1．執行力のある債務名義の正本を有する債権者（有債務名義者）
2．文書により先取特権を有することを証明した債権者

設問10

　給与債権について差押えが競合したときは、第三債務者（事業主等）は、どのように対処すべきか？

　給与債権については、差押禁止部分が存在する（民事執行法152条）。

　給与債権について差押えが競合したかどうかは、差押えが禁止されない部分について判断する。

　たとえば、金20万円の給与債権では、金15万円が差押禁止部分である。

　この場合、残りの5万円について差押えが競合したときは、第三債務者には、金5万円の供託義務が生じる（民事執行法156条2項）。
→残額の金15万円は、債権者（従業員）に支払えば足りる。

　なお、この他、第三債務者は、給与債権の全額（金20万円）の供託をすることもできる（昭58.11.22－6652）。

設問11

　差押えの競合や配当要求のケース以外に、第三債務者に供託義務が生じることがあるか？

　ある。

第三債務者が供託命令の送達を受けたときである。

→供託命令の詳細は、次の設問を参照しよう。

この場合、第三債務者は、差押えに係る金銭債権の全額に相当する金銭を債務履行地の供託所に供託しなければならない（民事執行法156条3項）。

→供託後、第三債務者が執行裁判所に事情届をすべきこと、その後の供託金の払渡手続が支払委託によるべきことは、これまでの権利供託や義務供託の事案と相違しない（民事執行法156条4項、供託規則30条1項）。

設問12
供託命令とは何か？

次のいずれかの場合に、差押債権者の申立てにより、執行裁判所が第三債務者に供託を命じる命令のことである（民事執行法161条の2第1項）。

1．差押債権者またはその法定代理人の住所または氏名について秘匿決定がされたとき

2．債務名義に、差押債権者またはその法定代理人の住所または氏名に代わる事項が表示されているとき

そして、執行裁判所が供託命令を発したときは、これを第三債務者に送達しなければならない（同条2項）。

●用語解説● 秘匿決定

申立人またはその法定代理人（以下、申立人等）の住所や氏名の全部または一部が当事者に知られることにより、申立人等が社会生活を営むのに著しい支障を生じるおそれがあることにつき疎明があった場合、裁判所は、申立てにより、決定で、住所や氏名の全部または一部を秘匿する旨の裁判をすることができる。これを、秘匿決定という（民事訴訟法133条1項、5項）。

この場合、裁判所は、秘匿決定において、秘匿対象者である申立人等の住所や氏名に代わる事項を定めなければならない（同条5項）。

→この秘匿決定に係る民事訴訟法の規定が、民事執行の手続にも準用されている

（民事執行法20条）。

◆一問一答◆

問　供託命令の送達を受けた第三債務者が供託をする場合、差押債権者の住所氏名に係る代替事項は、供託書のどの欄に記載をするか？

答　「供託の原因たる事実」の欄に記載すべき「差押命令の表示」中に、代替事項（債権者　代替住所Ａ　代替氏名Ａ）を記載することとなる。

設問13

　ＡがＸのＹに対する金銭債権を差し押さえた後、Ｙが取立訴訟の訴状の送達を受ける時までに、Ｂが同一の債権に対して仮差押えの執行をした。
　ＸのＹに対する金銭債権の額は金100万円、Ａが差し押さえた額は金70万円、Ｂが仮差押えの執行をした額は金50万円である。
　Ｙは、いくらの供託をすべきか？

　Ｙは、金100万円の供託をしなければならない（民事執行法156条2項）。
　本事例は、差押えと仮差押えの執行の競合の事案である。

　執行裁判所が配当をすべき事案（仮差押債権者の受領すべき額は配当留保供託がされる）なので、第三債務者に供託義務が生じることになる。

設問14

　ＡがＸのＹに対する金銭債権に仮差押えの執行をした後、Ｂが同一の債権を差し押さえた。
　Ａが仮差押えの執行をした額は金70万円、Ｂが差し押さえた額は金50万円である。
　Ｙはいくらの供託をすべきか？

　Ｙは、金100万円の供託をしなければならない。
　金銭債権に対する仮差押えの執行が先行するときでも、差押えとの競合が生じたときは、執行裁判所が配当をすべきであることに相違はない。

したがって、執行裁判所の便宜のために、第三債務者であるＹに供託の義務が課されることとなる。

この場合も仮差押債権者Ｘへの配当については、その本案の結果待ちとなるため、配当留保供託がなされることとなる。

設問15

　Ａが、ＸのＹに対する金銭債権に対して仮差押えの執行をした後に、Ｂが同一の債権に対して仮差押えの執行をした。
　ＸのＹに対する金銭債権の額は金100万円、Ａが仮差押えの執行をした額は金70万円、Ｂが仮差押えの執行をした額は金50万円である。
　1．Ｙに供託義務は生じるか？　また、いくらの供託をすることができるのか？
　2．供託をする場合、被供託者の欄は、何と書くか？
　3．供託をしたときは、事情届をすることを要するか？

1について
　Ｙに供託義務は生じない。

　この事例は、仮差押えの執行の競合であり、執行裁判所が配当等を行う必要がないためである。
→本案の結果待ちの状況である。

　また、本事例では、Ｘが債権の取立てをすることもできず、仮差押債権者のＡおよびＢが取立権を行使することもできない。
　したがって、Ｙは、当面、支払をすることを要しないが、Ｙの便宜のために供託をすることができるものとされている（権利供託）。
　供託をすることができる金額は、金100万円である。

2について
　供託書には、Ｘの氏名および住所の記載を要する（供託規則13条2項6号）。

　設問の事例は、配当等の実施がされないので、供託の全部が実質的に弁済供託であるものとして取り扱われることとなる。
→供託通知書の発送を要する。

3について
　保全執行裁判所への事情届をすることを要する（民事保全法50条5項、民事執行法156条4項）。
→この場合、後に、仮差押債権者が、差押えをしたときは、支払委託による払渡しがされることになる。

《関連事項》単発の仮差押えの執行

　設問15で、Aの仮差押えの執行のみがされたときは、金70万円または金100万円の権利供託となる。

設問16
　Aが、XのYに対する金銭債権に対して差押えをし、転付命令が発せられた。
　転付命令が第三債務者のYに送達された後に、Yが供託をすることができるか？

　供託書の記載から、転付命令が確定していることが明らかであるときを除き、Yは、民事執行法156条1項によって執行供託をすることができる（昭55.9.6－5333）。

　転付命令が確定すると、Yの債権者はAとなる。
　この場合は、Yには供託原因がなく、供託をすることができない。

　しかし、転付命令が確定したかどうかは、Yに自明のことではない。
　そこで、Yの便宜のため、転付命令の確定の有無を調査することなく、Yが供託をすることが認められる。

　Xは、Yに対して金100万円の債権を有している。
　国が、滞納処分により、金60万円の限度で、Xの債権を差し押さえた
とき、Yは供託をすることができるか？

できない。
国の滞納処分については、基本的に、供託根拠法令がないのである。

設問18

　Xは、Yに対して金100万円の債権を有している。
　国が、滞納処分により、金60万円の限度で、Xの債権を差し押さえた。
　Aも、同一債権を金30万円の限度で差し押さえたときは、Yは供託を
することができるか？
　また、その額は、いくらか？

　本事例も、国の滞納処分については、供託根拠法令がない。

　このため、Yは、国に対する金60万円の支払義務を供託により免れること
ができない。

　しかし、国に支払うべき金60万円を除く、金40万円については、民事執行
法156条1項により供託をすることができる。

　その供託金額は、金30万円（差し押さえられた額）または金40万円（残債
務の全額）となる。

　なお、以上の理屈は、Aの差押えが先行したときにも当てはまる。
→滞納処分による差押えと、差押えや仮差押えが競合しないときは、国の取り分は
　ブロックされるため、その残額について民事執行法156条1項を適用すると考え
　るとわかりやすい。

《関連事項》残余の部分の競合

　設問18において、さらにBが、金20万円の限度で差押えをしたとしよう。
　この場合、国がブロックした金60万円の残余の部分（金40万円）について、

ＡとＢの差押えが競合する。

　このため、Ｙは、金40万円の供託をしなければならない（義務供託　民事執行法156条2項）。

→なお、この場合、Ｙは、金100万円を供託することもできる。滞納処分による差押えと差押えが競合するためである。設問19を参照のこと。

設問19

　Ｘは、Ｙに対して金100万円の債権を有している。

　国が、滞納処分により、金60万円の限度で、Ｘの債権を差し押さえた。

　Ａも、同一債権を金50万円の限度で差し押さえたときは、Ｙは供託をすることができるか？

　また、その額は、いくらか？

　Ｙは、金100万円の供託をすることができる（権利供託　滞調法20条の6第1項）。

　滞納処分による差押えと、差押え（または仮差押えの執行）が競合したときは、滞調法（滞納処分と強制執行等との手続の調整に関する法律）に供託根拠法令がある。

　設問の事例は、滞納処分による差押えとＡによる差押えの競合の事案である。この場合、先着手主義により、手続は、徴収職員等が行う。

　もともと、租税債権は優先債権だから、Ｙは、国に金60万円を支払ってもよい。

　しかし、第三債務者であるＹの便宜のために、債務の全額である金100万円を供託することもできるとされている。

　供託管轄は、債務の履行地の供託所である（滞調法20条の6第1項）。

　供託をしたときは、供託書正本を添付して徴収職員等に事情届をする（滞調法20条の6第2項、滞調令12条の5第2項）。

→その後、徴収職員等が執行裁判所に通知をする。

この後、金60万円については国が還付し、残りの40万円は執行裁判所の支払委託により払渡しがされる。

設問20

　Xは、Yに対して金100万円の債権を有している。
　Aは、金50万円の限度でXの債権を差し押さえた。
　国が、同一債権を、滞納処分により、金60万円の限度で差し押さえたときは、Yは供託をすることができるか？
　また、その額は、いくらか？

　Yは、金100万円の供託をしなければならない（義務供託　滞調法36条の6第1項）。

　設問の事例では、先着手主義により、手続は、執行裁判所が行う。
　執行裁判所が、配当等の手続をしなければならない場合に当たるので、第三債務者に供託義務が課されることになる。

　供託をしたときは、執行裁判所に事情届をする（滞調法36条の6第2項）。
→その後、執行裁判所が徴収職員等に通知をする。

　この後、執行裁判所の支払委託により払渡しがされる。

設問21

　Xは、Yに対して金100万円の債権を有している。
　Aは、金50万円の限度でXの債権に対して仮差押えの執行をした。
　国が、同一債権を、滞納処分により、金60万円の限度で差し押さえたときは、Yは供託をすることができるか？
　また、その額は、いくらか？

　Yは、金100万円の供託をすることができる（権利供託　滞調法36条の12第1項、20条の6第1項）。

　滞納処分による差押えと、仮差押えが競合したときは、いずれの手続が先

行したかを問わず、権利供託となる。

　また、事情届は、徴収職員等に対してする（滞調法20条の9第1項、36条の12第1項、20条の6第2項）。

→民事のほうは、仮差押事件だから、執行裁判所では、配当等の手続を行わないためである。

→供託がされた後は、徴収職員が還付請求する。残余の部分は、後日、仮差押債権者が差押えをしたときに、執行裁判所の支払委託により、払渡しがされる。

設問22

　Xの供託金払渡請求権を差し押さえたAは、供託所に対して、直接、払渡請求をすることができるか？

　また、供託物払渡請求書には、取戻し（または還付）を受ける権利を有することを証する書面としてどういう書面の添付を要するのか？

　直接、払渡請求をすることができる。

　この事例は、供託所を第三債務者とする債権が差し押さえられたケースである。

→一般の債権が差し押さえられたときには、権利供託となる事案。

→債権差押命令は、執行裁判所から供託所に送達され、譲渡通知書等つづり込帳に編てつされている（供託規則5条1項）。

　この場合、供託所が、供託をすることはできないので、第三債務者である供託所は、事態を放置する。

→供託金は、執行裁判所の管理下には入らない。

→一般論として、第三債務者が私人であれば権利供託のカタチとなる場合に、第三債務者が供託所であるときは供託官は事情届をする必要がない。

　そして、Aが、適法な払渡請求をしたときに、供託所は、払渡しに応じることとなる。

　この場合、取戻し（または還付）を受ける権利を有することを証する書面として、Aは、差押命令がXに送達されてから1週間が経過したことを証す

る書面の添付を要する（民事執行法155条１項本文）。

設問23

> Xの供託金払渡請求権の全部についてAが仮差押えの執行をした。
> 1. 供託所は、事態を放置してよいか？
> 2. 供託金の払渡しは、どのようにされるのか？

１について

事態を放置してよい。本案の結果待ちである。

２について

次の２つの場合がある。

1. 仮差押債権者が差押えをしたときは、設問22と同様の手続となる。
2. 仮差押えの執行が効力を失ったときは、被供託者が還付請求をする。

→なお、後に仮差押えの執行と差押えが競合したときは、設問24の問題となる。

設問24

> Xの供託金払渡請求権について、AおよびBの差押えが競合した。
> 1. 供託所は、事態を放置してよいか？
> 2. AおよびBは、どのようにして払渡しを受けることができるか？

１について

設問の事例は、差し押さえられた債権が一般債権であれば、第三債務者が供託義務を負うケースである。

供託義務は、執行裁判所が配当等をするための便宜のために課せられる。

この場合、供託金払渡請求に応じることができない事情があるときは、供託官は事態を放置してよい。

→供託金払渡請求に応じることができないときは、執行裁判所が配当等をすることも不可能であるため。

しかし、供託金払渡請求に応じることができるときは、供託官は、執行裁

判所に事情届をしなければならない（昭55.9.6－5333）。

→以上の事情は、供託金払渡請求権について、差押えと仮差押えの執行が競合した ときも、同じである。

→一般論として、第三債務者が私人であれば義務供託のカタチとなる場合に、第三 債務者が供託所であるときは供託官は事情届をする必要が生じる。

2 について

　供託官の事情届により、供託金は、執行裁判所の管理下に入る。

　そこで、AおよびBへの払渡しは、執行裁判所の支払委託の方法によって 行われることになる。

> **参考先例**
>
> 「供託金払渡請求に応じることができるとき」とは、裁判上の担保供託の 取戻請求権にあっては担保取消決定が確定したとき、弁済供託の還付請求権 にあっては差押債権者または債務者から供託を有効と宣言した確定判決の謄 本が提出されたとき、または、受諾による還付請求権行使の申出があったと き、弁済供託による取戻請求権にあっては、不受諾による取戻請求権行使の 申出があったときなどである（昭55.9.6－5333）。

> **設問25**
>
> 　Xの供託金払渡請求権について転付命令が発せられた。
> 　転付債権者のAは、供託所に対して払渡請求をすることができるか？
> 　また、供託物払渡請求書には、取戻し（または還付）を受ける権利を 有することを証する書面としてどういう書面の添付を要するのか？

　Aは、供託金払渡請求権の転付を受けたので、自己の債権として、払渡し を請求することができる。

　転付命令は、供託所に送達されているから、払渡しに際してAがこの点の 証明をすることは要しない。

しかし、転付命令が確定したかどうかは、供託所において自明ではないので、Aは、取戻し（または還付）を受ける権利を有することを証する書面として、転付命令が確定したことを証する書面の添付を要する。

設問26

　Aが、Xの不動産に対して仮差押えの執行をした。
　その後、Xが仮差押解放金を供託したため、仮差押えの執行が取り消された。
1．Aが払渡しを請求するときは、どのような場合か？　また、供託金払渡請求書の添付書面は何か？
2．Xが払渡しを請求するときは、どのような場合か？　また、供託金払渡請求書の添付書面は何か？
3．A以外の者が、Xの取戻請求権を差し押さえることができるか？
4．できるとした場合、差押債権者などへの払渡しの手続はどうなるか？

　仮差押命令においては、仮差押解放金の額を定めなければならない（民事保全法22条1項）。

　仮差押解放金が供託されたときは、仮差押えの執行の効力は、仮差押債務者が有する供託金取戻請求権の上に移行する。

1について
　Aが本案で勝訴し、取戻請求権を差し押さえたときは供託所に対して、直接、払渡しを請求することができる（平2.11.13－5002）。

　この場合、取戻しをする権利を有することを証する書面として、次の書面の添付を要する。
1．差押命令が債務者（X）に送達されてから1週間が経過したことを証する書面
2．仮差押えの被保全債権と差押えの執行債権が同一であることを証する書面（仮差押命令正本など）

2 について

　仮差押えの執行が効力を失ったときは、Xが取戻請求をすることができる。

　この場合、取戻しをする権利を有することを証する書面として、供託原因
消滅証明書の添付を要する（平2.11.13－5002）。

3 について

　もちろん、Xに対する他の債権者が差押えをすることができる。

　債権者平等原則の帰結である。

4 について

　仮差押えと差押えの競合のカタチとなったときは、供託官が執行裁判所に
事情届をして、支払委託の方法により払渡しがされることになる。

設問27

　仮差押解放金は、どの裁判所に供託をすべきか？

　仮差押命令を発した裁判所または保全執行裁判所の所在地を管轄する地方
裁判所の管轄区域内の供託所である（民事保全法22条 2 項）。

→供託物は、金銭に限られる。

→なお、仮処分解放金の供託管轄も同様である（民事保全法25条 2 項、22条 2 項）。

　また、仮処分解放金の供託物も、金銭に限られる。

参考先例

　仮差押解放金の供託は、担保供託ではないので、第三者による供託は認め
られない（昭42決議）。

設問28

　Aが、XのYに対する金100万円の債権について仮差押えの執行をし
た。

　仮差押えの執行がされた債権の額を金80万円、仮差押解放金の額を金

70万円とする。

　Yが金100万円の供託をした場合について考えてみよう。

1．仮差押えの執行がされなかった金20万円の債権について、Xが還付
　することができるか？　また、Yが取戻しをすることができるか？

2．仮差押えの執行がされた債権の額について仮差押解放金の額を超え
　る金10万円については、どうか？

3．仮差押解放金の額である金70万円については、どうか？

　設問のケースは、100万円の供託金のうち、80万円の部分が執行供託であ
り、20万円の部分は実質的に弁済供託である。

　第三債務者が仮差押えの執行がされた債権の供託をしたときは、債務者が
仮差押解放金を供託したものとみなされる（民事保全法50条3項本文）。
→これを、みなし解放金という。

　この場合、仮差押えの執行の効力は、Xの還付請求権のうち、仮差押解放
金の額である金70万円に及んでいる（平2.11.13－5002）。

1について
　この部分は、弁済供託の実質である。
　したがって、被供託者のXが供託受諾により還付をすることができる。
　また、供託者のYが供託不受諾により取戻しをすることもできる（平2.11.
13－5002）。

2について
　この部分は、執行供託である。しかし、仮差押えの執行の効力が及んでい
ない。

　そこで、Xが、還付をすることができる。
　この場合、仮差押解放金の額は、供託書の記載からは当然には判明しない
ので、供託金払渡請求書には、仮差押解放金の額を証明する書面（仮差押命
令正本など）を添付しなければならない。

　次に、供託者のＹが取戻しをすることはできない。

　執行供託について、供託不受諾による取戻しをすることができないためである。

《関連事項》仮差押解放金の額

　仮差押解放金の額は、仮差押えの執行がされた債権の額と同額であることが通常である。したがって、実際には、2 で問題にした金10万円の部分は存在しないことが多い。

3 について

　この部分は、執行供託であり、仮差押えの執行の効力が及んでいる。

　したがって、ＡＸ間の、本案の結果待ちとなる。

　もちろん、供託者のＹが取戻しをすることはできない。

1．本案でＡが勝訴し、差押えをしたとき

　　執行裁判所の配当等の実施として支払委託により、Ａは払渡しを受けることができる。

　→第三債務者のＹが供託をしたときに、執行裁判所に事情届がされているため、供託金は、執行裁判所の管理下にある。

2．仮差押えの執行が効力を失ったとき

　　仮差押債務者のＸは、供託金を還付することができる。

設問29

　Ａが、Ｘの不動産について自己の権利を保全するために、仮処分の執行をした。

　Ｘが仮処分解放金の供託をした場合について考えてみよう。

1．仮処分債務者のＸが供託をするときに、供託書に被供託者としてＡを記載するか？

2．仮処分債権者のＡは、どういう権利を取得するのか？

3．Ａが供託物の払渡しを請求するときは、どういう書面の添付を要するか？

4．Xが供託物の取戻しを請求するときは、どういう書面の添付を要するか？

　仮処分解放金の額は、保全すべき権利が金銭の支払を受けることをもってその行使の目的を達することができるものであるときに限り、債権者の意見を聴いて、裁判所が定めることができる（民事保全法25条1項）。

1について
　被供託者として、Aの氏名および住所を記載する。

宿題5 被供託者として、A（仮処分債権者）以外の氏名および住所を記載することがあるか？

2について
　仮処分解放金は、仮処分の目的に代わるものだから、A自身が還付請求権を取得する。
　Aの還付請求権は、本案での勝訴の確定という停止条件付還付請求権である。

3について
　還付を受ける権利を有することを証する書面として、次の書面の添付を要する。
1．本案判決の正本と確定証明書（または調停証書、和解調書など）
2．仮処分の被保全債権と本案の訴訟物の同一性を証する書面（仮処分申立書、仮処分命令決定書など）

宿題6 仮処分債権者が、仮処分解放金の還付請求をするときに執行文の付与を受けることを要するか？　また、その理由は何か？

4について
　取戻しをする権利を有することを証する書面として、次の書面の添付を要する。

1．仮処分の申立てが取り下げられたことを証する書面または本案判決の正本と確定証明書

2．仮処分の被保全債権と本案の訴訟物の同一性を証する書面

宿題の解答▼

宿題5

ある。

被供託者の欄に仮処分債権者以外の者を記載したときは、詐害行為取消型の仮処分解放金として取り扱われることとなる。

宿題6

執行文の付与を受けることを要しない。

その理由は、本案判決の確定により停止条件が成就するからである。

→もともと、停止条件付給付請求権の行使は、仮処分債権者にとって自己の権利の行使であって、強制執行ではない。

設問30

　債権者Aが、債務者Xが受益者Yにした贈与を詐害行為を理由として取り消すために、Yに対して仮処分の執行をした。

　Yが、債務者Xを被供託者として、仮処分解放金の供託をした場合について考えてみよう。

1．Xの還付請求権は、どういう場合に行使することができるか？　また、その場合の添付書面は、何か？

2．Xの還付請求権を、Xに対するA以外の債権者が差し押さえることができるか？

1について

Xの還付請求権は、仮処分債権者Aの本案訴訟での勝訴が確定することを停止条件としている。

このため、還付請求権は、条件が成就した後に、仮処分債権者（A）が、詐害行為の債務者（X）に対する債務名義に基づいて差し押さえる方法によっ

てのみ行使することができる。

　Ａが払渡しを請求するときは、還付を受ける権利を有することを証する書面として、次の書面の添付を要する。
1．本案判決の正本と確定証明書
2．仮処分の被保全債権と本案の訴訟物の同一性を証する書面
3．差押命令が詐害行為の債務者に送達された日から1週間を経過したことを証する書面

《関連事項》Ｙが取戻しをするときの添付書面
　本案訴訟においてＡが敗訴したなどの場合に、Ｙが取戻しを請求するときは、取戻しをする権利を有することを証する書面として、次の書面を添付する。
1．本案判決の正本と確定証明書
2．仮処分の被保全債権と本案の訴訟物の同一性を証する書面

2について
　Ｘの他の債権者が、Ｘの停止条件付還付請求権を差し押さえ、仮差押えの執行をすることができる。

　この場合、仮処分債権者の勝訴が確定し停止条件が成就したときは、供託金の払渡しに応じることができるときに、供託官は執行裁判所に事情届をする。
　その後の払渡手続は、執行裁判所の支払委託の方法によることとなる。

☞トークタイム　本番を気持ちよく迎える方法

　本番を気持ちよく迎えるためにはどうしたらよいでしょうか。たぶん、方法は1つしかありません。それは、悔いのないところまで徹底して勉強をすることです。

　これを昔の人は、「人事を尽くして天命を待つ」といいました。

　例を挙げれば、マラソンの高橋尚子選手です。彼女は、優勝したシドニーオリンピックの直前に、つぎの和歌を披露しました。

　「今までどれだけ走ったか。あとはたったの42キロ」

　そして、好きな音楽「LOVE2000」を聞きながらスタート地点にニコニコと現れた彼女は、たったの2時間とちょっと走ったゴール地点で優勝後のインタビューで「とても楽しい42キロでした」と破顔一笑します。これほど見事な勝負強さはめったにないことでしょう。

　受験などというのは、オリンピックで優勝するよりはるかにカンタンな作業でしょうが、「今までどれだけ走ったか」という境地は、やはり理想であるに違いありません。

第2部

司法書士法

第1章 ‖ 司法書士の業務等

　司法書士法においては、司法書士がすることができる業務についての出題が主力となる。

　司法書士は、次の2つに分類される。
1．一般の司法書士
2．法務大臣の認定を得た司法書士（以下、認定司法書士という）

　上記のうち、認定司法書士は、簡裁訴訟代理等関係業務を行うことができる。
→簡裁訴訟代理等関係業務の定義（直接的な試験範囲ではない）は、司法書士法3条1項6号〜8号を参照のこと。

　上記の相違は、認定司法書士は、紛争の目的の額が金140万円以下であるときは、簡易裁判所における訴訟代理権など、一定の他人の紛争について法律事務を取り扱うことができることにある。

設問1
**　司法書士法において、すべての司法書士がすることができる業務は、何か？**

　他人の依頼を受けて、次の事務を行うことを業とすることができる（司法書士法3条1項1号〜5号）。

1．登記または供託に関する手続について代理すること。
2．法務局または地方法務局に提出し、または提供する書類または電磁的記録を作成すること。
3．法務局または地方法務局の長に対する登記または供託に関する審査請求の手続について代理すること。
　→司法書士には、審査請求の代理権がある。なお、審査請求の代理には、登記の

申請代理とは別に、特別の授権を要する。

4．裁判所もしくは検察庁に提出する書類または筆界特定の手続において法務局もしくは地方法務局に提出しもしくは提供する書類もしくは電磁的記録を作成すること。

　→訴状、答弁書、準備書面の作成は、すべての司法書士がすることができる。

　→ただし、紛争の相手方と、示談の交渉をすることなどは権限外である。

5．1から4の事務について相談に応ずること。

《関連事項》司法書士の職責

　司法書士は、常に品位を保持し、業務に関する法令および実務に精通して、公正かつ誠実にその業務を行わなければならない（司法書士法2条）。

→この規定は、訓示規定ではない。品位のないことを理由に懲戒処分を受けることもある。

宿題1 ｜　司法書士でない者が、他人の依頼を受けて、上記の事務をすることを業としたときは、罰則があるか？

設問2

すべての司法書士が、業務を行ってはいけない場合を挙げよ。

　次の場合がある。

1．公務員として職務上取り扱った事件および仲裁手続により仲裁人として取り扱った事件（司法書士法22条1項）

　→過去、公務員であった者が、司法書士となったときなどを含む規制である。

　→公務員時代の人脈で、司法書士になってから稼ぐなという意味を含んでいる。

2．次に掲げる事件についての、「裁判書類作成関係業務」（司法書士法22条2項）

　いずれも、紛争の存在を予定する裁判書類の作成業務などについて、双方代理を禁じている規定である。

① 相手方の依頼を受けて裁判書類作成業務を行った事件

→過去、訴状を作成した事件について、相手方の依頼を受けて答弁書などを作成し、または、その相談に応じることが禁じられる。

② 司法書士法人の社員または使用人である司法書士としてその業務に従事していた期間内に、当該司法書士法人が相手方の依頼を受けて裁判書類作成業務を行った事件であって、自らこれに関与したもの

→過去、司法書士法人の社員または使用人であった司法書士が、その法人を退職した後の話。

→法人がした裁判書類作成業務に、自ら関与していたときだけ、退職後の相手方の依頼を受けて答弁書などを作成し、または、その相談に応じることが禁じられる。

③ 司法書士法人の使用人である場合に、当該司法書士法人が相手方から簡裁訴訟代理等関係業務に関するものとして受任している事件

→現在、司法書士法人の使用人である者についての規制である。

→この場合、法人がした簡裁訴訟代理等関係業務に、自ら関与していないときでも、相手方の依頼を受けて答弁書などを作成し、または、その相談に応じることが禁じられる。

以上、紛争を予定する業務において、すべての司法書士に適用される双方代理に係る規制は、以上の①から③に限られる。

→訴状を作成した事件において、相手方の依頼に応じて登記の申請代理の業務を行うことなどは、禁じる規定がない。

→なお、認定司法書士がすることができない業務については、司法書士法22条3項・4項に規定がある（直接的な試験範囲ではないと考えられる）。

宿題2 上記の③において、なぜ、司法書士法人の社員についての規制がないのか？

●用語解説●　裁判書類作成関係業務

裁判書類作成関係業務とは、司法書士法 3 条 1 項 4 号および 5 号（第 4 号に関する部分に限る）を意味する。

→ 4 号の書面の作成のほか、その相談業務を含んでいる。

なお、司法書士法が、司法書士法 3 条 1 項 4 号に規定する業務と表現する業務（相談業務が除かれる）を、本書では、裁判書類作成業務と表現している。

宿題の解答▼

宿題 1

ある（司法書士法78条 1 項、73条 1 項）。

1 年以下の懲役または100万円以下の罰金である。

なお、司法書士であっても、司法書士会に入会していない者が、司法書士法 3 条 1 項の業務を行ったときも、同様の罰則がある。

司法書士会に入会することは、司法書士としての業務を行うための要件である。

宿題 2

司法書士法人の社員は、もともと、法人と競業して社員個人が司法書士業務の受託をすること自体が禁じられているためである。

司法書士法人の社員は、自己もしくは第三者のためにその司法書士法人の業務の範囲に属する業務を行い、または他の司法書士法人の社員となってはならない（司法書士法42条 1 項）。

設問 3

司法書士は、依頼に応じる義務があるか？

依頼に応じる義務がある（司法書士法21条）。

司法書士は業務独占資格であるため（資格のない者が業務を行うと刑罰に触れる）、司法書士が国民の依頼を拒絶すると、国民が他に業務の依頼をすることができなくなるためである。

→依頼に応じる義務に反するときは、懲戒事由となる。

《関連事項》司法書士の使命

司法書士は、司法書士法の定めるところにより、その業務とする登記、供託、訴訟その他の法律事務の専門家として、国民の権利を擁護し、もって自由かつ公正な社会の形成に寄与することを使命とする（司法書士法1条）。

設問4

司法書士が、依頼に応じなくてもよいのは、どういう場合か？

次の場合がある（司法書士法21条）。

1. 正当な事由があるとき
   病気、事故、事件の輻輳などが正当な事由に当たる。
   →「議員に立候補するため」は、正当な事由に当たらない。

2. 簡裁訴訟代理等関係業務の依頼であるとき
   簡裁訴訟代理等関係業務については、依頼に応じる義務がない。
   →簡裁訴訟代理等関係業務においては、将来、依頼者と司法書士に対立関係が生じる可能性があるので、司法書士に、事件を受託すべきかどうかの選択の自由が認められる。

宿題3 ｜ 司法書士法21条に違反したときは、刑罰が科せられるか？

《関連事項》理由書の交付

司法書士は依頼（簡裁訴訟代理等関係業務を除く）を拒んだ場合において、依頼者の請求があるときは、その理由書を交付しなければならない（司法書士法施行規則27条1項）。

→依頼者の請求がないときは、理由書の交付を要しない。

→なお、簡裁訴訟代理等関係業務について事件の依頼を承諾しないときは、速やか
に、その旨を依頼者に通知しなければならないものとされている（同条 2 項）。

設問 5

司法書士は、事務所を設置する義務があるか？

ある（司法書士法20条）。

→事務所を設置しないと、依頼に応じる義務が果たせない。

なお、自宅と事務所が同一の所在場所であっても、かまわない。

しかし、2 以上の事務所を設けることはできない（司法書士法施行規則19
条）。

宿題 3 の解答▼

100万円以下の罰金に処せられる（司法書士法75条 1 項）。

設問 6

**司法書士には、その所属する司法書士会、日本司法書士会連合会の会
則を遵守する義務があるか？**

ある（司法書士法23条）。

このため、会則違反が懲戒事由となりうる。

設問 7

**司法書士を廃業した者は、業務上取り扱った事件について、秘密を保
持する義務を免れるか？**

免れない。

司法書士の他、司法書士であった者にも、守秘義務が課せられる（司法書
士法24条）。

なお、正当な理由があるときは、業務上取り扱った事件について、秘密を

漏らすことができる。

参考先例

司法警察職員が、その職務上、司法書士に対して事件簿の閲覧を求めたときは、これに応ずるのが相当である（昭31.10.18－2419）。

《関連事項》**親告罪**

司法書士法24条に違反したときは、6か月以下の懲役または50万円以下の罰金に処せられる（司法書士法76条1項）。

なお、秘密漏示罪は、親告罪である（同条2項）。

宿題4 司法書士法に違反した者に刑罰が科せられるとき、別に懲戒処分を受けることはあるか？

設問8

司法書士には、研修を受ける義務があるか？

ある。

司法書士は、その所属する司法書士会および日本司法書士会連合会が実施する研修を受け、その資質の向上を図るように努めなければならない（司法書士法25条）。

宿題4の解答▼

ある。

刑罰は刑事処分。懲戒は行政処分であり、目的を異にするので、憲法39条の二重処罰に該当しない。

なお、司法書士法違反について、刑罰の規定がないときは、不可罰である（罪刑法定主義）。

この場合、懲戒の問題のみが生じうる。

設問9

　司法書士に対する懲戒について考えよう。

1．どういうときに、懲戒事由に当たることになるか？

2．懲戒は、誰がするのか？

3．懲戒には、どういう種類があるか？

4．懲戒をする場合、聴聞の手続を要するか？

5．懲戒権者への、懲戒の請求は、誰がすることができるのか？

6．懲戒に除斥期間の定めがあるか。

1について

　司法書士が、司法書士法または司法書士法に基づく命令（司法書士法施行規則）に違反したときである（司法書士法47条1項）。

2について

　法務大臣である（司法書士法47条1項）。

3について

　次の3種類がある（司法書士法47条1項）。

1．戒告

2．2年以内の業務の停止

3．業務の禁止

→上記、1から3の懲戒処分は、官報によって公告される（司法書士法51条）。

→業務の禁止処分を受けると、司法書士の欠格事由となる（司法書士法5条5号）。

4について

　懲戒の処分をするときには、聴聞を行わなければならない（司法書士法49条3項）。

　聴聞は、法務大臣がこれを行う（司法書士法49条3項）。

　しかし、必要があると認めるときは、聴聞の権限を法務局または地方法務局の長に委任することができる（司法書士法施行規則37条の8第2項）。

→全ての懲戒処分について聴聞を要する。

→憲法31条の刑事事件における手続保障の規定が、行政処分に類推適用された一例

である。

5について

　何人も、法務大臣に対し、司法書士の法令違反と考えられる事実を通知し、適当な措置をとることを求めることができる（司法書士法49条1項）。

→上記の「適当な措置」には、懲戒が含まれる。

→法務大臣には、必要な調査をする義務が生じる（同条2項）。なお、通知された事実の真否や軽重は場合によるから、法務大臣に懲戒をする義務が生じるわけではない。

　なお、この調査の権限は、法務大臣から法務局または地方法務局の長に委任されている。しかし、法務大臣が自らこれを行うこともできる（司法書士法施行規則37条の7第2号）。

《関連事項》注意勧告

　司法書士会は、所属の会員が司法書士法または司法書士法に基づく命令に違反する**おそれがある**と認めるときは、その会員に対して、注意を促し、または必要な措置を講ずべきことを勧告することができる（司法書士法61条）。

→「おそれ」の段階で、司法書士会がとることのできる措置である。

→司法書士会は、懲戒権者ではないので、注意勧告には強制力はない。

　なお、司法書士会は、所属の会員が、司法書士法または司法書士法に基づく命令に**違反すると思料**するときは、その旨を、法務大臣に報告しなければならない（司法書士法60条）。

→その後、法務大臣が懲戒処分の要否を検討することとなろう。

◆一問一答◆

問　司法書士会がその所属する会員に対して注意勧告をしたときは、そのことを法務大臣に報告をすることを要するか？

答　司法書士会の事務所を管轄する法務局または地方法務局の長に報告をしなければならない（司法書士法施行規則41条）。

●展開●　**法務大臣の権限**

　法務大臣は、懲戒処分に関して司法書士等（司法書士と司法書士法人）の事件簿その他の関係書類もしくは執務状況を調査することができる（司法書士法施行規則42条1項）。

　司法書士等は、正当な理由がないのに、調査を拒んではならない（同条4項）。

→さらに、法務大臣またはその委任を受けた法務局または地方法務局の長が、調査を司法書士会に委嘱することもできる（同条2項）。この場合、司法書士会が調査の結果を意見を付して報告しなければならない（同条3項）。

6について

　懲戒には除斥期間の定めがある。

　すなわち、懲戒の事由があったときから7年を経過したときは、法務大臣は、懲戒の処分をすることができない（司法書士法50条の2）。

→司法書士法人の懲戒についても同様の除斥期間がある。

設問10

**　司法書士法人は、誰が設立するのか？**

　司法書士である（司法書士法26条）。

　個人として司法書士である者が社員となり、司法書士法人を設立するのである（司法書士法28条1項）。

　司法書士法人は、その名称中に司法書士法人という文字を使用しなければならない（司法書士法27条）。

設問11

**　司法書士ではあっても、社員となることができない者はあるか？**

　ある。

　次の者である（司法書士法28条2項）。

1．業務の停止の処分を受け、業務の停止の期間を経過しない者
→司法書士として、業務の停止の処分を受けている者は、司法書士法人の業務の執行をすることもできないため。

2．司法書士法人が解散または業務の**全部**の停止の処分を受けた場合において、その処分を受けた日以前30日内にその社員であった者でその処分を受けた日から3年（業務の全部の停止の処分を受けた場合にあっては、当該業務の全部の停止の期間）を経過しないもの
→司法書士法人が一定の懲戒を受けたときに、社員であった者などが、すぐに次の司法書士法人を設立することを防止した規定である。

3．司法書士会の会員でない者
→司法書士会の会員でない者は、司法書士業務をすることができないから、司法書士法人の業務の執行をすることもできない。

設問12
司法書士の社員の法定脱退事由は、何か？

設問11のいずれかに該当したときの他、次の場合に脱退する（司法書士法43条）。

1．司法書士の登録の取消し
→登録が取り消された者は、もはや司法書士ではない。
→司法書士の欠格事由に該当したときは、必要的に登録が取り消されるから、司法書士法人の社員の脱退事由ともなる。

2．定款に定める理由の発生

3．総社員の同意

4．除名

設問13

　司法書士法人の設立について考えよう。

1．原始定款には、公証人の認証を受けることを要するか？

2．司法書士法人は、いつ成立するのか？

3．司法書士法人は、いつ司法書士会の会員となるのか？

1について

　要する（司法書士法32条2項、会社法30条1項）。

2について

　その主たる事務所の所在地において設立の登記をすることによって成立する（司法書士法33条）。

→したがって、管轄区域内に、司法書士法人が設立されたことは、登記所において自明のこととなる。

3について

　その成立の時に、主たる事務所の所在地の司法書士会の会員となる（司法書士法58条1項）。

　司法書士会および日本司法書士会連合会にとって、司法書士法人の設立は自明のことではない。

　このため、司法書士法人は、成立の日から2週間以内に、所属すべき司法書士会および日本司法書士会連合会に法人成立の旨を届け出なければならない（司法書士法34条）。

→届出の添付書面は、登記事項証明書および定款の写しである。

設問14

　1人の司法書士が、司法書士法人を設立することができるか？

　また、いったん設立した司法書士法人の社員が欠亡したときは、どうなるか？

　1人の司法書士が、司法書士法人を設立することができる。

また、社員の欠亡（社員がゼロ人となること）により司法書士法人は、解散する（司法書士法44条1項7号）。

《関連事項》司法書士法人の解散事由

　社員の欠亡を含め、司法書士法人の解散事由は、次のとおりである（司法書士法44条1項）。
1．定款に定める理由の発生
2．総社員の同意
3．他の司法書士法人との合併
4．破産手続開始の決定
5．解散を命ずる裁判
6．解散の処分（司法書士法人に対する懲戒処分の1つである）
7．社員の欠亡

●展開●　司法書士法人の継続

　司法書士法人は、社員の死亡により社員の欠亡が生じて解散した場合に限り、継続することができる（司法書士法44条の2）。

　継続は、司法書士法人の清算人が、その死亡した社員の相続人の同意を得て、新たに社員を加入させる方法でこれを行う。

→なお、相続人が複数おり、そのうちで社員の権利を行使する者が定められている場合は、その者の同意のみで足りる。

宿題5 |　司法書士法人が合併をするときは、債権者の異議手続を要するか？

設問15

司法書士法人は、従たる事務所を置くことができるか？
また、そのための要件は何か？

　従たる事務所を置くことができる。

　司法書士法人は、その事務所に、その事務所の所在地の司法書士会の会員である社員を常駐させなければならない（司法書士法39条）。

　たとえば、東京に主たる事務所がある司法書士法人が、横浜に従たる事務所を置くときは、神奈川県司法書士会の会員である社員を、その事務所に常駐させなければならないのである。

→もちろん、東京の主たる事務所にも、東京司法書士会に所属する社員の常駐を要する。

→なお、使用人である司法書士が常駐しても足りない。社員が常駐しなければならない。

宿題5の解答▼

　債権者の異議手続を要する（司法書士法45条の2）。

設問16

司法書士法人は、どういう業務を行うか？

　司法書士法人は、必ず、司法書士法3条1項1号から5号までの業務を行う（司法書士法29条1項柱書前段）。

　この他、定款で定めることによって、次の業務を行うことができる（同項1号・2号）。

1．法令等に基づきすべての司法書士が行うことができるものとして法務省令で定める業務の全部または一部

2．簡裁訴訟代理等関係業務

《関連事項》法務省令で定める事項

　上記1の法務省令で定める事項には、次のものがある（司法書士法施行規則31条）。

1．当事者その他関係人の依頼または官公署の委嘱により、管財人、管理人その他これらに類する地位に就き、他人の事業の経営、他人の財産の管理もしくは処分を行う業務またはこれらの業務を行う者を代理し、もしくは補助する業務

2．当事者その他関係人の依頼または官公署の委嘱により、後見人、保佐人、

補助人、監督委員その他これらに類する地位に就き、他人の法律行為について、代理、同意もしくは取消しを行う業務またはこれらの業務を行う者を監督する業務

3. 司法書士または司法書士法人の業務に関連する講演会の開催、出版物の刊行その他の教育および普及の業務

4. 競争の導入による公共サービスの改革に関する法律33条の2第1項に規定する特定業務

   →登記事項証明書の交付に係る業務など、登記所の業務のうち民間委託をすることができるとされているものを特定業務という。

5. 司法書士法3条1項1号から5号までおよび上記の1から4に掲げる業務に附帯し、または密接に関連する業務

設問17
司法書士法人は、どういう場合に、簡裁訴訟代理等関係業務を行うことができるか?

簡裁訴訟代理等関係業務は、社員のうちに認定司法書士がある司法書士法人(司法書士会の会員であるものに限る)に限り、行うことができる(司法書士法29条2項)。

なお、定款において、簡裁訴訟代理等関係業務を行うと定めた司法書士法人においても、特定社員(認定司法書士である社員)が常駐しない事務所では、簡裁訴訟代理等関係業務を行うことができない(司法書士法40条)。
→使用人たる司法書士に認定司法書士がいても、足りない。

設問18
司法書士法人の業務の執行は、誰が行うか?

司法書士法人の社員は、すべて業務を執行する権利を有し、義務を負う(司法書士法36条1項)。
→なお、簡裁訴訟代理等関係業務を行うことを目的とする司法書士法人における簡裁訴訟代理等関係業務については、特定社員のみが業務を執行する権利を有し、

義務を負う（同条 2 項）。

設問19
司法書士法人は、誰が代表者となるか？

司法書士法人の社員は、各自が司法書士法人を代表する（各自代表の原則　司法書士法37条 1 項本文）。

ただし、定款または総社員の同意によって、社員のうち特に司法書士法人を代表すべきものを定めることができる（同項ただし書）。

司法書士法人を代表する社員は、定款によって禁止されていないときに限り、特定の行為の代理を他人に委任することができる（同条 5 項）。
→なお、簡裁訴訟代理等関係業務については、特定社員の各自（または定款または総社員の同意によって定めた特定社員）のみが司法書士法人を代表することとなる（司法書士法37条 2 項参照）。

設問20
司法書士法人の財産をもってその債務を完済することができないときは、誰が責任を負うか？

各社員が、連帯して、その弁済の責任を負う（司法書士法38条 1 項）。
司法書士法人の財産に対する強制執行がその効を奏しなかったときも、同様に各社員が連帯して、弁済の責任を負う（同条 2 項）。
→なお、社員には、検索の抗弁権がある（同条 3 項）。
→簡裁訴訟代理等関係業務に関し依頼者に対して負担することとなった債務について司法書士法人の財産をもって完済することができないときは、特定社員（当該司法書士法人を脱退した特定社員を含む）が、連帯して、その弁済の責任を負う（同条 4 項本文、脱退した特定社員については、ただし書あり）。

《関連事項》表見社員の責任
社員でない者が自己を社員であると誤認させる行為をしたときは、当該社

員でない者は、その誤認に基づいて司法書士法人と取引をした者に対し、社員と同一の責任を負う（司法書士法38条の2）。

設問21

すべての司法書士法人において、裁判書類作成関係業務を行うことができないのは、どういう場合か？

次の場合である（司法書士法41条1項）。
1. 相手方の依頼を受けて裁判書類作成業務を行った事件
　　→法人として、相手方の依頼を受けたときの話。
2. 使用人が相手方から簡裁訴訟代理等関係業務に関するものとして受任している事件
　　→就業中の使用人が、個人として受任した事件についての話。
3. 社員の半数以上の者が裁判書類作成関係業務を行ってはならないこととされる事件
　　→社員が、法人に加入する前に取り扱った事件についての話。

→簡裁訴訟代理等関係業務を行うことを目的とする司法書士法人が行うことができない業務については、同条2項あり。

設問22

司法書士法人に対する懲戒には、どういうものがあるか？

次のものがある。懲戒処分は法務大臣が、これを行う（司法書士法48条1項）。

1. 戒告
2. 2年以内の業務の全部または一部の停止
　　→業務の一部停止の場合があることが、司法書士への懲戒との相違である。たとえば、簡裁訴訟代理等関係業務のみについて停止処分とするときなど。
3. 解散
　　→司法書士法人に対しては、業務の禁止処分は存在しない。その代わりに解散処

138

分がある。

設問23
司法書士法人の社員に対しても懲戒処分がされることがあるか？

ある。

司法書士法人への懲戒と、司法書士個人への懲戒は別の制度であり両立する。

司法書士法人の社員は司法書士だから（司法書士法28条1項）、司法書士個人として懲戒処分を受けることもある。

設問24
司法書士法人の社員が、個人として業務停止処分を受けたときは、どういうことになるか？

司法書士法人の社員の法定脱退事由に当たるから、社員資格を失う（司法書士法43条4号、28条2項1号）。

設問25
司法書士となる資格を有するのは、どういう者か？

次の者である（司法書士法4条）。

1．司法書士試験に合格した者
2．裁判所事務官、裁判所書記官、法務事務官もしくは検察事務官としてその職務に従事した期間が通算して10年以上になる者またはこれと同等以上の法律に関する知識および実務の経験を有する者であって、法務大臣が認定したもの
→2を、いわゆる、特認組という。

司法書士の欠格事由は、何か？

　次の者は、司法書士となることができない（司法書士法5条）。

1．禁錮以上の刑に処せられ、その執行を終わり、または執行を受けることがなくなってから3年を経過しない者
2．未成年者
3．破産手続開始の決定を受けて復権を得ない者
4．公務員であって懲戒免職の処分を受け、その処分の日から3年を経過しない者
5．業務の禁止の処分を受け、その処分の日から3年を経過しない者
6．懲戒処分により、公認会計士の登録を抹消され、もしくは土地家屋調査士、弁理士、税理士もしくは行政書士の業務を禁止され、または税理士であった者であって税理士業務の禁止の懲戒処分を受けるべきであったことについて決定を受け、これらの処分の日から3年を経過しない者

　いったん司法書士となった者が、欠格事由に該当したときは、司法書士となる資格を失うので、必要的に司法書士の登録が取り消される（司法書士法15条1項4号）。

◆一問一答◆

問　禁錮以上の刑が確定したが執行猶予中の者は、司法書士の欠格事由に当たるか？

答　欠格事由に当たる。

司法書士となる資格を有する者は、どのようにすれば司法書士になることができるのか？

　日本司法書士会連合会に備える司法書士名簿に登録を受けることにより司法書士となる（司法書士法8条1項）。

登録事務は、日本司法書士会連合会が行う（同条2項）。

登録および登録の取消しは、官報により公告される（司法書士法18条）。

なお、（地方）法務局の長にとって、管轄区域内に事務所を設ける司法書士の登録がされたことは、自明ではない。

このため、日本司法書士会連合会は、司法書士名簿に登録をしたときは、登録事項を遅滞なく、当該司法書士の事務所の所在地を管轄する法務局または地方法務局の長に通知しなければならないものとされている（司法書士法施行規則18条1項）。

《関連事項》司法書士名簿の登録事項

司法書士名簿の登録事項は、次のとおりである（司法書士法8条1項、司法書士法施行規則15条2項）。

1．氏名
2．生年月日
3．事務所の所在地
4．所属する司法書士会
5．本籍（外国人にあっては、国籍等）
　→外国人が司法書士になることができる。
6．住所
7．男女の別
8．司法書士となる資格の取得の事由および年月日
9．登録番号
10．司法書士法3条2項2号に規定する法務大臣の認定を受けている司法書士にあっては、その旨、認定年月日および認定番号
→上記の事項に変更が生じたときは、司法書士は、遅滞なく、所属する司法書士会を経由して日本司法書士会連合会にその旨を届け出なければならない（司法書士法14条）。

**司法書士登録をする場合、登録申請書は、どこに提出するのか？
また、添付書面は、何か？**

提出先は、その事務所を設けようとする地を管轄する法務局または地方法務局の管轄区域内に設立された司法書士会である（司法書士法9条1項）。
→この司法書士会を経由して、日本司法書士会連合会に申請する。

添付書面は、司法書士となる資格を有することを証する書類である（同条2項）。

なお、登録申請をするときは、申請を経由する司法書士会に入会する手続をとらなければならない（司法書士法57条1項）。
入会の手続をしないときは、登録が拒否される（司法書士法10条1項1号）。

日本司法書士会連合会が、登録を拒否したときは、その旨を申請者に通知すれば足りるか？

足りない。
書面で、拒否の旨と、その理由を通知することを要する（司法書士法11条）。
→なお、登録をしたときは、その旨を書面により通知すれば足りる。

宿題6 | 登録を拒否された者は、審査請求をすることができるか？
また、できると考える場合は、誰に対して審査請求をすべきか？

司法書士の登録の申請を拒否するときは、必ず、登録審査会の議決に基づいてすることを要するか？

必ず、登録審査会の議決に基づいてすることを要するとはいえない。

　登録の申請の拒否事由は、以下のものがあるが、このうち、登録審査会の
議決に基づいてすることを要するのは、2 と 3 である（司法書士法10条 1 項）。
→ 1 については、もともと処分者に裁量の余地がないので、会議をする意味がない。

1．登録申請を経由すべき司法書士会に入会の手続をとらないとき
2．心身の故障により司法書士の業務を行うことができないとき
3．司法書士の信用または品位を害するおそれがあるときその他司法書士の
　　職責に照らし司法書士としての適格性を欠くとき

　なお、2 および 3 の理由により、登録を拒否しようとするときは、あらか
じめ、申請者にその旨を通知して、相当の期間内に自らまたはその代理人を
通じて弁明する機会を与えなければならない（司法書士法10条 2 項）。
→申請に対する拒否処分について、手続保障の場を与える旨の規定である。

宿題 6 の解答▼

> 　審査請求をすることができる。
> 　その相手は、法務大臣である（司法書士法12条 1 項）。
> →日本司法書士会連合会は、全国組織だから、どこかの法務局の長が裁決をすべ
> 　き事案ではない。
> →なお、申請の日から 3 か月を経過しても処分がされないときも、申請が拒否さ
> 　れたものとして審査請求をすることができる（同条 2 項　処分の遅延による審
> 　査請求）。

設問31

　司法書士となる資格を有しない者が、日本司法書士会連合会に対して、
その資格につき虚偽の申請をして司法書士名簿に登録させたときは、公
正証書原本等不実記載罪（刑法157条）が成立するか？

　成立しない。
　設問の行為は、司法書士法74条により処罰される。
→ 1 年以下の懲役または100万円以下の罰金である。

第 2 部　司法書士法

143

なお、司法書士でない者が、司法書士またはこれに紛らわしい名称を用いたときなども、罰則（罰金刑）の規定がある（司法書士法79条、73条3項〜5項参照）。

設問32
　司法書士が、他の法務局または地方法務局の管轄区域内に事務所を移転しようとするときは、どの司法書士会を経由して、変更の登録を申請すべきか？

　移転先の管轄区域内に設立された司法書士会を経由する（司法書士法13条1項）。
→現に所属する司法書士会には、その旨を届け出なければならない（同条2項）。

　なお、移転先の司法書士会に入会の手続をすることを要する（同条3項）。
　他の法務局または地方法務局の管轄区域内に事務所を移転する変更の登録の拒否に関しては、審査請求をすることができる（司法書士法13条4項、12条1項）。

設問33
　司法書士の登録が、必ず、取り消されるのは、どういう場合か？

　司法書士が、次のいずれかに該当する場合である（司法書士法15条1項）。
1．その業務を廃止したとき
2．死亡したとき
3．司法書士となる資格を有しないことが判明したとき
4．欠格事由に該当するに至ったとき

　上記の場合、その者またはその法定代理人もしくは相続人は、遅滞なく、当該司法書士が所属し、または所属していた司法書士会を経由して、日本司法書士会連合会にその旨を届け出なければならない（同条2項）。

設問34

司法書士の登録が、任意的に、取り消されるのは、どういう場合か？

司法書士が、次のいずれかに該当する場合である（司法書士法16条1項）。
1．引き続き2年以上業務を行わないとき
2．心身の故障により業務を行うことができないとき

上記の場合、日本司法書士会連合会は、その登録を取り消すことができる。

なお、（地方）法務局にとって、管轄区域内に事務所を設ける司法書士の登録の取消しがされたことは、自明ではない。

このため、日本司法書士会連合会は、司法書士名簿の登録を取り消したときはその旨を、遅滞なく、当該司法書士の事務所の所在地を管轄する法務局または地方法務局の長に通知しなければならないものとされている（司法書士法施行規則18条1項）。

設問35

司法書士の登録の取消しについて考えよう。
1．登録審査会の議決に基づいて、登録の取消しをすべき場合はあるか？
2．司法書士の登録が取り消されたときに、法務大臣に審査請求をすることができるか？

1について
　設問34の任意的な取消しについては、登録審査会の議決に基づいてすることを要する（司法書士法16条4項、10条1項後段）。
→取消事由に、処分者の裁量の余地があるので、慎重を期す意味である。

2について
　登録の取消事由を問わず、法務大臣に審査請求をすることができる（司法書士法17条、12条1項）。

●展開●　心身の故障等の届出

　司法書士が、精神の機能の障害を有する状態となり、司法書士の業務の継続が著しく困難となったとき、または2年以上の休養を要することとなったときは、司法書士またはその法定代理人もしくは同居の親族は、遅滞なく、その司法書士が所属する司法書士会を経由して、日本司法書士会連合会に、医師の診断書を添付して、その旨を届け出るものとされている（司法書士法16条2項、司法書士法施行規則18条の2）。

　その届出に基づいて、登録審査会がその司法書士の登録の取消しについて議決をするという運びとなる。

設問36

　法務大臣は、司法書士に対して懲戒の処分をしようとする場合、行政手続法が定める通知の発送または掲示の後、直ちに、日本司法書士会連合会にその旨を通告しなければならないと規定されている（司法書士法50条1項）。

　これは、なぜか？

　被処分者が、懲戒処分を免れるために、司法書士の登録の抹消をすることを防止する趣旨である。

　法務大臣は、司法書士に対する懲戒権限はあるが、司法書士でないものを懲戒することはできない。

　そのため、被処分者が、司法書士の登録の抹消をすることを防止するために設問の通告をする。

　そして、日本司法書士会連合会は、この通告を受けたときは、法務大臣から懲戒処分の手続が結了した旨の通知を受けるまでは、その司法書士について登録の取消しをすることができなくなるのである（司法書士法50条2項）。

《関連事項》司法書士法人の場合

　懲戒の処分の手続に付された司法書士法人は、清算が結了した後において

も、その懲戒に関する規定の適用においてその手続結了まで、なお存続するものとみなされる（司法書士法48条 2 項）。

　これは、懲戒手続に付された司法書士法人が、その処分を免れることを目的として、解散し清算を結了するという手段を封じた規定である。

設問37
　司法書士が、業務の停止の懲戒処分を受けた場合、その期間中、司法書士の事務所である旨の表示をすることができるか？

　もちろん、できない。

　司法書士は、司法書士会に入会したときは、その司法書士会の会則の定めるところにより、事務所に司法書士の事務所である旨の表示をしなければならないとされている（司法書士法施行規則20条 1 項）。

　しかし、業務の停止の処分を受けたときは、その停止の期間中、上記の表示またはこれに類する表示をしてはならない（司法書士法施行規則20条 3 項）。

設問38
　司法書士会は、どういう基準で設立するのか？

　司法書士は、その事務所の所在地を管轄する法務局または地方法務局の管轄区域ごとに、会則を定めて、一個の司法書士会を設立しなければならない（司法書士法52条 1 項）。
→司法書士会は、法人である（同条 3 項）。組合等登記令の組合等として登記される（司法書士法55条 1 項）。

《関連事項》司法書士会の目的
　司法書士会の目的は、登記すべき事項ではない。
　司法書士法52条 2 項が、「司法書士会は、会員の品位を保持し、その業務の改善進歩を図るため、会員の指導及び連絡に関する事務を行うことを目的とする。」と規定しているので、登記をする必要がないのである。

設問39

次に、司法書士会の会則の記載事項を挙げる。

このうち、法務大臣の認可を要せずに、変更することができるものはどれか？

1. 名称および事務所の所在地
2. 役員に関する規定
3. 会議に関する規定
4. 会員の品位保持に関する規定
5. 会員の執務に関する規定
6. 入会および退会に関する規定（入会金その他の入会についての特別の負担に関するものを含む）
7. 司法書士の研修に関する規定
8. 会員の業務に関する紛議の調停に関する規定
9. 司法書士会および会員に関する情報の公開に関する規定
10. 資産および会計に関する規定
11. 会費に関する規定
12. その他司法書士会の目的を達成するために必要な規定

上記のうち、法務大臣の認可を要せずに、変更することができるものは、1と7から11である（司法書士法54条1項）。

《関連事項》紛議の調停

司法書士会は、所属の会員の業務に関する紛議につき、当該会員または当事者その他関係人の請求により調停をすることができる（司法書士法59条）。
→会員たる司法書士と、その顧客間の紛議があったときに、これを調停するのである。

設問40

司法書士会に副会長を置くことを要するか？

要する。

司法書士会に、会長、副会長および会則で定めるその他の役員を置く（司

法書士法56条 1 項)。

設問41

日本司法書士会連合会の目的は、何か？

司法書士会の会員の品位を保持し、その業務の改善進歩を図るため、司法
書士会およびその会員の指導および連絡に関する事務を行い、ならびに司法
書士の登録に関する事務を行うことを目的とする（司法書士法62条 2 項）。
→なお、全国の司法書士会は、会則を定めて、日本司法書士会連合会を設立しなけ
　ればならないものとされている（同条 1 項）。

設問42

**日本司法書士会連合会は、どういう問題について法務大臣に建議し、
またはその諮問に答申することができるか？**

司法書士または司法書士法人の業務または制度についてである（司法書士
法65条）。

設問43

**登録審査会は、何人で構成されるか？
また、会長は、誰がなるか？**

登録審査会は、会長と委員 4 人で構成される（司法書士法67条 3 項）。
会長は、日本司法書士会連合会の会長を充てる（同条 4 項）。
→なお、登録審査会は、日本司法書士会連合会に設置される。

設問44

公共嘱託登記司法書士協会（以下、協会という）の数に限定はあるか？

ない。
協会は、官公署等による登記の嘱託または申請の適正かつ迅速な実施に寄
与することを目的とする（司法書士法68条）。

→役所などで発生する大量の登記案件を処理するのである。

設問45
協会は、商業登記の嘱託を受けることがあるか？

ない。

協会は、不動産の権利に関する登記の嘱託または申請の適正かつ迅速な実施に寄与することを目的とする（司法書士法68条1項柱書）。

設問46
協会の社員は、誰か？

協会の社員は、その主たる事務所の所在地を管轄する法務局または地方法務局の管轄区域内に事務所を有する司法書士または司法書士法人でなければならない（司法書士法68条1項1号）。
→なお、上記の司法書士または司法書士法人が社員になろうとするときは、正当な理由がなければ、これを拒むことができない（同項2号）。

設問47
社員以外の者を、理事とすることができるか？

できる。ただし、理事の員数の過半数は、社員（社員である司法書士法人の社員を含む）でなければならない（司法書士法68条1項3号）。

設問48
協会が社員以外の司法書士（または司法書士法人）に、業務に係る事務をさせることができるか？

できる。事務の取扱いは、司法書士または司法書士法人にさせることができる（司法書士法69条2項）。

この場合、司法書士等が、協会の社員であることは要件でない。

設問49

協会は、司法書士会の会員となるか？

　ならない。しかし、司法書士会は、所属の会員が社員である協会に対し、その業務の執行に関し、必要な助言をすることができるため、まったく無関係であるとはいえない（司法書士法71条）。

→協会が成立した後の司法書士会（および管轄（地方）法務局の長）への届出義務もある（司法書士法68条の 2）。

第 2 部　司法書士法

第2章 || 付 録

簡裁訴訟代理等関係業務を行うのに必要な知識および能力は、司法書士試験の範囲に含まれていない。

しかし、法務大臣の認定を受けていない一般の司法書士は、簡裁訴訟代理等関係業務を行うことができない。そこで、認定を受けない間は、どういう業務をすることができないのかという意味では、間接的に試験の内容となりうる。

そこで、簡単に、簡裁訴訟代理等関係業務について触れておくことにする。

簡裁訴訟代理等関係業務とは、簡易裁判所の事物管轄を定めた裁判所法33条1項1号が定める額（140万円）を超えない請求に係る、次の業務を意味する（司法書士法3条1項6号・7号・8号）。

1．訴訟手続の代理
   →上訴の提起は、自ら代理人として手続に関与している事件の判決、決定または命令に係るものを除いて、代理することができない。
   →また、再審について、代理することができない。
2．訴えの提起前の和解または支払督促の手続の代理
3．訴えの提起前の証拠保全手続または民事保全手続の代理
4．民事調停の手続の代理
5．少額訴訟債権執行の手続の代理
   →少額訴訟債権執行を除く、強制執行に関する事項については、代理することができない。
6．民事に関する紛争について相談に応じ、または仲裁事件の手続もしくは裁判外の和解について代理すること
7．筆界特定の手続についての相談または代理

設問 1

　認定司法書士が、裁判書類作成関係業務または簡裁訴訟代理等関係業務を行ってはならないのは、どういう場合か？

　次の場合である（司法書士法22条 3 項本文・ 4 項前段）。

1．簡裁訴訟代理等関係業務に関するものとして、相手方の協議を受けて賛助し、またはその依頼を承諾した事件
　→「協議を受ける」とは具体的事件について法解釈や解決法の相談を受けることをいい、「賛助」とは協議を受けた事件について見解を示し手段を教えることである。
　→具体的事件を離れて、一般論として法律の制度の仕組みを説明するだけでは、協議に当たらないであろう。

2．簡裁訴訟代理等関係業務に関するものとして相手方の協議を受けた事件で、その協議の程度および方法が信頼関係に基づくと認められるもの
　→たとえば、市役所の市民法律相談で 1 回だけ協議を受けただけであれば、その協議の程度および方法が信頼関係に基づくとは認めにくいであろう。

3．簡裁訴訟代理等関係業務に関するものとして受任している事件の相手方からの依頼による他の事件
　→「他の事件」という部分が急所である。Ａの訴訟代理人である司法書士は、相手方Ｂの「他の事件」についてもＢの依頼を受けて裁判書類作成関係業務または簡裁訴訟代理等関係業務を行ってはならない。

4．司法書士法人の社員または使用人である司法書士としてその業務に従事していた期間内に、当該司法書士法人が、簡裁訴訟代理等関係業務に関するものとして、相手方の協議を受けて賛助し、またはその依頼を承諾した事件であって、自らこれに関与したもの
　→司法書士法人の社員または使用人であった者の過去における履歴を問題視している。過去の履歴については、「自らこれに関与した」事件について相手方の依頼を受けて裁判書類作成関係業務または簡裁訴訟代理等関係業務を行っては

ならないのである。

5. 司法書士法人の社員または使用人である司法書士としてその業務に従事していた期間内に、当該司法書士法人が簡裁訴訟代理等関係業務に関するものとして相手方の協議を受けた事件で、その協議の程度および方法が信頼関係に基づくと認められるものであって、自らこれに関与したもの

→この場合も、司法書士法人の社員または使用人であった者の過去における履歴を問題視している。

6. 司法書士法人の使用人である場合に、当該司法書士法人が簡裁訴訟代理等関係業務に関するものとして受任している事件（当該司法書士が自ら関与しているものに限る）の相手方からの依頼による他の事件

→このケースは、現在、司法書士法人の使用人である者が、司法書士法人が依頼を受けた者の相手方の「他の事件」について、相手方の依頼を受けて裁判書類作成関係業務または簡裁訴訟代理等関係業務を行うことを禁じている。

設問2

　設問1の1から6のうち、依頼者の同意があれば、相手方のために裁判書類作成関係業務または簡裁訴訟代理等関係業務を行うことができるのは、どういう場合か？

　3と6の場合である（司法書士法22条3項ただし書・4項後段）。
　いずれも、相手方からの依頼による「他の事件」の受任のケースである。
→「他の事件」であれば、直接的には利益が相反しないので、依頼者の承諾があれば受任できるものとしたのである。

■ 口述試験対策 ■

司法書士法は、口述試験においても出題がなされる。
そこで、以下、一問一答方式で、口述試験の論点を整理しておく。

問1
　司法書士法2条には、司法書士の職責が規定されていますが、その職責を答えてください。

答1
　司法書士は、常に品位を保持し、業務に関する法令および実務に精通して、公正かつ誠実にその業務を行わなければならないと規定されています。

問2
　どうして、そういう職責が規定されているのですか？

答2
　司法書士は、国家によって独占的業務を認められておりその業務の公共性が高いので、職責を明らかにすることによって自覚を促すためと思います。

問3
　では、司法書士には、どのような使命があるのですか？

答3
　司法書士は、この法律（司法書士法）の定めるところによりその業務とする登記、供託、訴訟その他の法律事務の専門家として、国民の権利を擁護し、もって自由かつ公正な社会の形成に寄与することを使命とします。

問4
　司法書士試験に合格した人が、司法書士として業務を行うためには、どういう手続を要しますか？

答4
　事務所を設けようとする地を管轄する法務局または地方法務局の管轄区域内に設立された司法書士会を経由して、日本司法書士会連合会に登録申請書を提出し、その際に、その司法書士会に入会の手続をしなければなりません。

問5

司法書士が補助者を置いたときは、何かの手続をすべきでしょうか？

答5

司法書士が補助者を置いたときは、その旨を、所属する司法書士会に届け出なければなりません。

問6

司法書士を補助者とすることは、できますか？

答6

できません。

問7

では、2人の司法書士が、1人の補助者を使用することはできますか？

答7

できます。

それぞれの司法書士が補助者の業務について掌握することができ、監督責任が明確にされていれば、2人の司法書士が、1人の補助者を使用することはできます。

問8

司法書士の業務を、補助者に全面的に任せることはできますか？

答8

できません。

問9

司法書士は、依頼を拒むことができますか？

答9

簡裁訴訟代理等関係業務を除いて、依頼を拒むことはできません。

問10

その理由は、何ですか？

答10

司法書士は、登記手続の代理等について独占的権限を付与されており、その業務が公共性を有するためです。

問11

　司法書士が、不動産登記の申請代理の依頼を受けたとき、どういう点に注意すべきですか？

答11

　人、モノ、意思の確認を十分になすべきです。

問12

　司法書士が、事務の受任をするときは、依頼者に対して報酬基準を示すことを要しますか？

答12

　はい。あらかじめ、報酬基準を示すことを要します。

問13

　では、報酬を受けたとき、依頼者の請求がないときは、領収証の交付は要しないと考えられますか？

答13

　いいえ。司法書士は、領収証の交付をしなければなりません。

問14

　領収証の内容は、報酬の総額が明示されていれば足りますか？

答14

　いいえ。領収証には、受領した報酬額の内訳を詳細に記載しなければなりません。

問15

　司法書士には、領収証の保存義務がありますか？

答15

　あります。

　領収証は、正副2通を作成し、副本は、作成の日から3年間保存しなければなりません。

問16

　司法書士が書類を作成したときは、その書類に記名押印を要しますか？

答16

　はい。

　原則として、司法書士は作成した書類に記名し、職印で押印しなければなりません。

問17

　司法書士が作成した事件簿の保存期間は、何年ですか？

問18

　司法書士は、事務所に司法書士の事務所であることを表示しなければなりませんか？

問19

　では、その例外はありますか？

答17

　閉鎖後、7年間です。

答18

　はい。

答19

　あります。

　司法書士が、司法書士会に入会していないときは、事務所に司法書士の事務所であることを表示することができません。

　また、業務停止の懲戒処分を受けたときも同様です。

索 引

MEMO

司法書士

山本浩司のオートマシステム　プレミア ⑧

供託法・司法書士法＜第8版＞

2013年 1 月18日　初　版　第 1 刷発行
2024年 6 月25日　第 8 版　第 1 刷発行

著　　者　　山　　本　　浩　　司
発 行 者　　猪　　野　　　　　樹
発 行 所　　株式会社　早稲田経営出版
　　　　　　〒101-0061　東京都千代田区神田三崎町3-1-5
　　　　　　　　　　　　　　　神田三崎町ビル
　　　　　　電話 03 (5276) 9492 (営業)
　　　　　　FAX 03 (5276) 9027

印　　刷　　株式会社　ワ　　コ　　ー
製　　本　　株式会社　常 川 製 本

© Kōji Yamamoto 2024　　　Printed in Japan　　　ISBN 978-4-8471-5170-5
　　　　　　　　　　　　　　　　　　　　　　　　　N.D.C. 327

乱丁・落丁による交換、および正誤のお問合せ対応は、該当書籍の改訂版刊行月末日までといたし
ます。なお、交換につきましては、書籍の在庫状況等により、お受けできない場合もございます。
また、各種本試験の実施の延期、中止を理由とした本書の返品はお受けいたしません。返金もいた
しかねますので、あらかじめご了承くださいますようお願い申し上げます。

書籍の正誤に関するご確認とお問合せについて

書籍の記載内容に誤りではないかと思われる箇所がございましたら、以下の手順にてご確認とお問合せをしてくださいますよう、お願い申し上げます。

なお、正誤のお問合せ以外の**書籍内容に関する解説および受験指導などは、一切行っておりません。**
そのようなお問合せにつきましては、お答えいたしかねますので、あらかじめご了承ください。

1 「Cyber Book Store」にて正誤表を確認する

早稲田経営出版刊行書籍の販売代行を行っている
TAC出版書籍販売サイト「Cyber Book Store」の
トップページ内「正誤表」コーナーにて、正誤表をご確認ください。

CYBER TAC出版書籍販売サイト
BOOK STORE

URL：https://bookstore.tac-school.co.jp/

2 **1の正誤表がない、あるいは正誤表に該当箇所の記載がない**
⇒ 下記①、②のどちらかの方法で文書にて問合せをする

★ご注意ください★

お電話でのお問合せは、お受けいたしません。

①、②のどちらの方法でも、お問合せの際には、「お名前」とともに、
「対象の書籍名（○級・第○回対策も含む）およびその版数（第○版・○○年度版など）」
「お問合せ該当箇所の頁数と行数」
「誤りと思われる記載」
「正しいとお考えになる記載とその根拠」
を明記してください。

なお、回答までに1週間前後を要する場合もございます。あらかじめご了承ください。

① ウェブページ「Cyber Book Store」内の「お問合せフォーム」より問合せをする

【お問合せフォームアドレス】

https://bookstore.tac-school.co.jp/inquiry/

② メールにより問合せをする

【メール宛先　早稲田経営出版】

sbook@wasedakeiei.co.jp

※土日祝日はお問合せ対応をおこなっておりません。
※正誤のお問合せ対応は、該当書籍の改訂版刊行月末日までといたします。

乱丁・落丁による交換は、該当書籍の改訂版刊行月末日までといたします。なお、書籍の在庫状況等により、お受けできない場合もございます。
また、各種本試験の実施の延期、中止を理由とした本書の返品はお受けいたしません。返金もいたしかねますので、あらかじめご了承くださいますようお願い申し上げます。

早稲田経営出版における個人情報の取り扱いについて
■お預かりした個人情報は、共同利用させていただいているTAC（株）で管理し、お問合せへの対応、当社の記録保管のためにのみ利用いたします。お客様の同意なしに業務委託先以外の第三者に開示、提供することはございません（法令等により開示を求められた場合を除く）。その他、共同利用に関する事項等については当社ホームページ（http://www.waseda-mp.com）をご覧ください。

（2022年7月現在）